教 学 相 长

——上海理工大学本科教学督导文集

叶黔元　主编

文汇出版社

前 言

今年是上海理工大学教学督导团成立十五周年之际,十五年来教学督导团紧密配合学校的教学,开展了督促、检查、指导帮助各项工作,为促进我校教学改革、教学质量的提高起到了十分重要的作用。

本文集是为纪念上海理工大学教学督导团成立十五周年而编辑,文中共收集了十八篇文章。这些文章围绕上海理工大学教学督导工作,反映了各位督导老师的督导工作及其思考体会。"本科教学督导实践体会"一文全面总结了十五年以来上海理工大学教学督导团的工作及体会。"本科教学督导工作的思考"、"关于高校教学督导工作的几点浅见"、"管窥上海理工大学教学督导工作和个体角色行为"等文就督与导的关系谈了作者的一些看法。"创新导向的上理工本科教学漫谈"、"由学生创新大赛获奖想到的"等文谈了高等院校作为建设国家创新体系的重要地位,介绍了我校多年来在教学中如何结合创新导向的实践。外语教学尤其科技外语及双语教学是我校外语教学的特色,"坚持改革 将我校外语教学上一个新台阶"、"高校双语教学：内涵、形式及其评价"较好地反映了我校外语教学的现况及督导教师的体会。毕业设计及论文是实现高等学校学生全面培养目标的重要措施，"本科毕业设计的理论与实践思考"、"管理学院 2012 届毕业设计—督导工作体会"就此问题作了探讨和思考。"谈提高课堂教学质量的几个关键问题"、"关于课堂教学各主要环节的探讨"、"教学过程中 PPT 所起的作用"等文就课堂教学中如何上好一节课给出了非常丰富的意见。"督导小记三则"、"一个督导小故事"两篇文章生动地描述了督导与教师间的故事。

　　十五年来上海理工大学在培养全面发展人才的教学过程中不仅注重了"德育"、"智育"的培养并取得了重要成果，还特别加强了"体"的发展，文"督导眼中的体育教学发展十年历程"全面反映了这一不平凡的经历。

　　十五年已经过去，新的十五年又要开始，预祝在新时期"上海理工大学教学督导团"取得更大的成绩。

目　录

前言 …………………………………………………… 1
本科教学督导工作的思考 …………………………… 1
本科教学督导实践体会 ……………………………… 6
关于高校教学督导工作的几点浅见 ………………… 18
创新导向的上理工本科教学漫谈 …………………… 26
教学督导工作和个体角色行为 ……………………… 42
要有计划地培养和使用青年教师 …………………… 51
三个教学问题的认识与体会 ………………………… 55
坚持改革，将外语教学上一个新台阶 ……………… 62
高校双语教学：内涵、形式及其评价 ……………… 72
体育教学发展十年历程 ……………………………… 78
谈提高课堂教学质量的几个关键问题 ……………… 88
关于课堂教学各主要环节的探讨 …………………… 97
教学过程中PPT所起的作用 ………………………… 109
本科毕业设计的理论与实践思考 …………………… 115
我看管理学院2012届毕业设计 ……………………… 124
由学生创新大赛获奖想到的 ………………………… 128
督导小记 ……………………………………………… 136
一个督导小故事 ……………………………………… 143

本科教学督导工作的思考

◎ 叶黔元

今年是我校实施教学督导15周年,教学督导是对教学工作实施监督与指导的一项基本措施,"督"就是监督、检查,"导"就是指导、引导。开展教学督导工作,就是对教学过程各个环节的组织、实施、管理情况及其效果进行监督、检查,及时发现问题,解决问题,以确保教学质量。但在实践中"导"的作用发挥不够,因此在实践中如何处理"督"与"导"的问题须认真思考。

教学督导涉及到与教师、学生的关系,教学活动应是教与学的双向互动,是一种互动的关系。所以,教学督导是对教与学两个互动过程的检查、评价与指导,涉及教师群体与学生群体,而教学督导是以其独立的身份"进入"教学过程。

一、教学督导的职能和作用

主要是桥梁和评价作用。

教学督导深入课堂和教学过程的各个环节,能够及时发现教学组织管理中的一些情况和问题,及时向学校领导和管理职能部门反馈信息,提供咨询,提出建议。同时,督导人员在一定程度上能够为教学一线单位的成绩做出一定的评价,起到上情下达、下情上达的"桥梁"作用。

对教师教学工作的评价一直是一个比较敏感、困难而复杂的问题。由于督导人员在身份方面的客观性,使得他们的评价结果相对较容易为人们接受。

但督导还应有引导作用,督导人员可以深入教学一线,一方面,可以较全面地了解教师的教学状况,总结推广成功经验,发现存在的问题,研究提高教学质量的措施,倡导良好的教风学风。此作用的关键是"导"。

二、督与导的关系

教学督导的"督"具有监督、督促、检查和评估的职能;"导"具有指导、帮助、服务和咨询的职能。目前,教学督导工作大多存在着重"督"轻"导"的现象,把督导的重点放在监督、检查和评估方面,很少针对教师教学中存在的问题提出根本性的解决方法,这种重"督"轻"导"现象,削弱了督导的质量和效果,其原因是多方面的:

督导本身不可能对所有课程多很熟悉,因此很难对所有课程提出针对性的意见。另一方面当前我国高等教育已迈入大众化发展阶段,因此有许多问题是与以往有很大的不同,教学内容与教学对象在不断变化,所以教学评价也应有所改变。

三、教学督导内容

教学督导是为教学服务的,教学质量的提升是教学督导的目标。影响教学质量的主要因素是教师,效果的体现是学生。因此,教学督导应对教师的教学过程进行跟踪式的检查与指导,也要对学生的学习绩效进行评价、分析,但是,在实际的操作中,由于各方面因素的影响和各种条件的限制,常常是过于单纯地只重视对教师课堂教学的监督、指导,而忽视了对学生的学习过程、学习方法、学习态度的监控,使其游离于教学督导之外。从而导致教学督导效果有限。

四、教学督导工作中的问题

在具体的督导实践中,常常会遇到一些困难和问题,这主要表现在:

定位不十分确切,使得督导作用没有得到有效发挥;我校督导是从已经退休教授中选择。这种方式有其合理的地方,但是,考虑到精力、体力和知识更新和督导工作的特殊要求等等因素,清一色的退休教授组成的督导人员队伍结构仍存在不少先天的缺陷。

五、加强教学督导工作的对策

"督"是检查、调研、论证存在的问题,"导"则是找出问题的症结并指出解决问题的方法,措施。只有两者统一,才能使教学督导工作有实效,有意义。把"督"的被动实现转化为"导"的主动追求,更重要地还体现在督导方案的具体执行过程中。

首先,督导在工作中要从教师的角度出发,提倡进行换位思考。要意识到教师渴望被社会肯定、被他人尊重,从而促进其实现自我价值的积极性,把督导工作从原来以检查、监督为主转为鼓励和提倡为主。要抱着向教师们学习的态度,怀着发现好的教学典型和总结成功经验的愿望,了解教学改革工作中的好经验、好做法、好典型,听取师生对教学工作的要求、呼声和意见,发现、总结和推广优秀教师的教学经验,与教师一起探讨教学中存在的问题及原因,做好教学督导反馈工作。教学督导工作除检查、听课外,还需要与教师进行交流,与教师讨论其教学方式、教学内容、以及学生的听课情况、学习情况等。在与教师进行交流之后，还需要检查教师改进后的教学情况，并接受教师和学生反馈意见。

另外，还必须注意到我国高等教育已迈入大众化发展阶段，因此教学对象与以往有很大的不同。如果在督导过程中发现了问题，就应引领教师进行教学反思，分析问题的本质，如"结构力学课程"是一门联接基础课（数学，材料力学）与专业课程（混凝土，钢结构）的课程，教学中经常有如下现象：

教师讲课认真、条理清楚且重点突出，但学生未认真听讲，原因何在？此时必需注意到学生的基础和前面课程的教学及专业课程的需求及时改变教学方法。

教师讲课认真、条理清楚且重点突出，学生也认真听讲，此时应注意教师是否强化了结构的力学概念是否有机地联系了"结构"，是否从概念结构力学的角度深化讲解？

针对上述两方面情况如何"导"？这就需要"督导"注意到我国高等教育已迈入大众化发展阶段，因此教学对象与以往有很大的不同，另一方面结构力学的教学与建筑结构密不可分，因此"督导"须更新知识结构与时俱进。

这样，以导为主，督导结合，逐步丰富教学督导的内涵，推进督导工作顺利开展，不断提高教学督导工作的效力。教师是影响教学质量的最重要的因素。教学督导对教学质量进行评估，对教师的工作给予客观公正的评价，从而形成一个良好的公平竞争的环境，最大程度地激活每个教师的发展潜力和创造性。

加强督导队伍建设，改进完善督导方式。由于教学督导涉及教学工作的方方面面。作为督导人员，应当具有先进的教育理念和教育理论修养，能够把握教学改革的主要方向，因此应加强对督导人员的培训。可采取外出交流考察学习等方式，帮助他们熟悉有关教育方针、政策和法规,了解现代教育技术,掌握正确的工作方法,使督导工作更具有原则性和方向性。改变以"督"为主的工作方式,加强"导"的力度,在"导"字上下功夫。通过组织示范教学等多种形式真正促进被督导者的教学水平不断提高。从而全面提高教学督导效益。

本科教学督导实践体会

◎ 丁亚军　孟尔镛　叶黔元

一、教育督导与教学督导

督导,顾名思义,督是监督、检查、巡视、督促;导是引导、指导。教育督导自古以来就有,教育督导从前称视学,如清光绪三十二年(1906年)当时的学部设视学官12人,官阶为五品,各省府、州、县皆设视学,1909年颁布《视学官章程》,民国初年,仍叫视学。1931年8月广州国民政府教育行政委员会颁布《教育部督学章程》,改视学为督学,这是我国正式出现"督学"这一名称。中华人民共和国成立后,中央人民政府教育部设视导司,部内其他各职能司局也设有兼职视导人员。1983年教育部提出《建立普通教育督学制度意见》,各省、市相继任命督学和主任督学。1994年正式成立国家教育督导团,由总督学、副总督学和国家督学组成,这是我国正式出现"教育督导"这一名称。教育视导或督导在现代各国教育行政工作中占有重要地位。一些发达国家,如英、法、俄、日、美都建立了系统的健全的视导或督导组织机构,在推动各自教育事业的改革、提高与发展中起到重要的作用。

在我国教育督导对于贯彻执行党和国家的教育方针,促进我国教育事业的发展和提高教学质量起了积极的作用,取得了良好的效果，教育督导制度、教育督导范围主要是推进中等和中等以下的教育。原教育部部长周济指出"教育督导是促进教育法律、法规和方针政策，贯彻落实的重要手段，是保障教育目的实现的有效机制，是转变政府职能，加强教育宏观管理的重要环节。政府和其他教育行政部门要根据党和国家的有关政策精神，深化管理体制改革，强化教育督导的地位和作用，赋予教育改革与发展。从一定意义上讲不重视教育督导，不善于运用教育督导推动教育发展，就是一位不成熟的现代教育领导者。我国中等教育以下的教育督导机构是政府行政机构，并形成上至教育部下至县教育行政部门的完整体系。

我国高等学校各自建立的通常是"教学督导机构"而非"教育督导机构"，一字之差，决定了二者的性质及职责范围的大不相同。教育督导设计教育方针、政策、法规、办学方向等宏观管理范畴，教学督导只涉及教学质量的评估检查、反馈、指导等相对微观的管理。教学督导机构是非行政部门。教育部对高等学校教学督导工作不像对中、小学教育督导工作有明确的规定和指导。教育督导有文件依据而教学督导却无章程可查，各高等院校根据各自的特点及需要成立督导机构，确定督导的具体工作，但各校督导机构的性质和功能以及督导工作的涵义和外延都不尽相同，连督导机构的名称也五花八门，因校而异，如"教学督导团"、"教学督导室"、"教学督导队"、"教学督导委员会"、"教授督导委员会"、"教学督导小组"等。根据我们在上海理工大学教学督导团工作近15年的实践，教学督导团的性质大概可以概括表达为：教学督导团是高等学院领导授权的督导机构和人员，直接面对院校内的教与学双方和教学过程，以专家身份对教学工作进行调研、调查、检查、监督、评估和指导，并及时客观地向学校主管教学领导（校、院）、教学行政管理职能部门（教务处、教务办公室、教研科、教学实践科)及教与学(教研室、学生工作处、部)双方反馈教学现状、教学质量、教风学风等教学工作信息,提出改进教学管理工作的建议。教学督导团的成员由学校及各学院商定聘请一批教学水平较高、教学经验丰富、具有一定教学管理(校、院、系、室)和在师生中有较高学术水平、威望和奉献精神的离退休正、副教授、专家作为督导团的组成人员。无论是教育督导还是教学督导,都要强化管理中的监督、指导职能,经常对各项决策和执行情况进行观察、调研、监督、控制与指导,以避免决策的失误和执行的偏差,促进教育教学改革,全面提高人才培养与教学质量。

二、教学督导应坚持的六大原则

为使教学督导工作取得真正的效果,高校的教学督导务必遵循以下原则:

导向性原则。树立正确的教育思想、教育理念,树立正确的人才观、质量观。

全方位原则。对教学各个环节实施全面有效的监控,并针对教学各个环节进行综合分析与比较。

连续性原则。对教学整个过程进行监控,对教师及其全部课程实施常态化、持续性跟踪与比较分析。

指导性原则。针对发现的问题(尤其是具有普遍性、典型性的问题),对每一个教学薄弱环节,每一个具有示范意义的教师,乃至于每一具有典型意义的学生实施有效的指导。这种指导包括批评、指正、示范、演示等。

研究性原则。鉴于教学质量问题是一个系统工程,因而,作为主管教学校长的智囊团,就必须站在更高的位置上来研究高等教育、教学的发展与教学质量的深层次问题。从某种意义上讲,高教发展研究不但能提升督导的功能,更是帮助主管教学校长解决深层次问题的重要依据。这就要求督导人员必须深入教学第一线,全方位收集各种类型、不同性质,不同人员的教学信息,数据与资料,并力求全面、客观、科学、准确。

坚持公平、客观、科学的督导原则。学术研究的方针是客观与科学,评估则注重公平与公正。为使广大教师与教务管理干部充分认识存在的问题,要求督导人员必须处于公心,以理服人,尤其是对某些能采用良性评判与认定的问题,务必尽可能做到客观、公正与准确。否则,不但收不到应有的效果,甚至还可能引起被督导对象的反感与抵制。实践证明,在督导过程中,纵向横向比较法、综合评判法、数据统计法、案例分析法、逆向思维法、换位思维法等方法将会受到事半功倍的效果。

三、教学督导工作回顾

上海理工大学教学督导团成立于1997年10月,督导团由各学院、部推荐热心教育、治学严谨、教学效果优良、作风正派、有较强分析和判断能力、有奉献精神的退休正副教授组成。目前,由能源与动力、光电信息与计算机、管理、机械、外语、环境与建筑、医疗器械与食品、出版印刷与艺术设计、理学、材料科学与工程、中德、中英国际、社科、体育等学院(部)的专家组成。15年来,在学校党政领导的正确领导下,在教务处具体指导下,在各学院、部主管教学院长的关怀下,在全校师生员工的热情支持下,根据上理工(1997)160号文件的规定,对上海理工大学3个校区(军工路校区、南汇校区、复兴路校区)的教学过程、教学管理、教风、学风、教学改革、教学质量诸方面的检测、调研、监督、评估工作取得了不少成果,2005年10月曾在上海高校退管会组织的一次高校教学督导工作交流会发言,介绍了我校教学督导工作和对提高教学质量的一些体会。

1. 监督检查

只有通过监督检查,教学督导成员才能掌握教学质量、现状的第一手情况,弄清对教学质量产生影响的有利因素及不利因素,也才能向教学行政部门提出合理有效的建议。监督检查的内容包括开学之初的教学秩序检查、期中教学情况检查、平时课堂教学过程检查、主管校长及教务处布置的特殊任务的监督检查。

监督检查的方式不拘一格,教学督导团可深入实验室、机房、金工实习现场进行实地考察,还可以采取听(随堂听课、听取各院部的期中教学检查结果汇报、旁听各院部乃至教研室的教学工作研讨会)、看(查看教师的备课笔记、课程教学进度表、观摩学生的实验操作、金工培训车间操作、学生毕业设计[论文]答辩会)、查(抽查学生作业、实验及实习报告、课程设计小结、毕业设计[论文]资料)三结合方式得出全方位的客观判断。从而对教师们如何去准确掌握教学内容、方法、进程安排以及结合学校教学改革要求设计课程进行具体指导和建议,基本落脚点就是在各个方面保证教学质量稳步提升。

监督检查的依据是《中华人民共和国高等教育法》,上海理工大学的一系列综合管理类、教学管理类、实践教学类、教研考评类的教学规章制度。如上理委(2003)69号文件"关于全面加强教学工作提高本科教学质量的规定",上理工教(2004)11号"上海理工大学教师任课资格认定及管理规定"、上理工教(2004)13号"上海理工大学本科任课教师职责"、上理工教(2004)14号"上海理工大学本科教学管理办法"、上理工教(2007)29号"上海理工大学全日制本科生毕业设计(论文)管理条例"等,十五年来我们完成了:

有计划、有组织持证上岗,截止到2012年6月底,已对5852人次的各类课程之的课堂教学过程进行检查督导。

监督检查了各学院、部提出的1 326人次重点考核教师的课堂教学质量。

审阅1 662位学生的毕业设计(论文)整套资料,抽查了247位学生毕业设计软件演示,观摩了1 187位学生的毕业设计(论文)答辩。

通过随班听课(必修课、专业选修课、公选课、实验课、课程设计指导课、上机辅导课、习题课),对授课教师的课堂教学过程、质量、效果作检查,并按人填写上理工大学课堂教学质量、评估表,并给予评分。关于毕业设计,对毕业设计(论文)的立题、设计过程、论文质量、图纸数量与质量、设计(论文)工作量、外文摘要与译文、计算机应用能力、成绩评定、诸方面的检查是否符合培养目标的要求,是否达到综合能力培训的教学要求,提出评审意见和改进的建议(每学年都有专门总结)。

2. 分析评估

分析评估是教学督导团成员又一重要工作内容,分析评估必须建立在监督检查的基础上,也是监督检查的必需和合理继续,只有通过评析,才能对教学质量的现状作准确的定位,只有通过评析才能发现并解决教学质量提高的瓶颈问题,也才能确保解决问题的轻重缓急顺序。

综合教育部评估专家对我校本科教学办学水平的评估,我们还完成了以下几方面的评析工作:

从1999级至2008级教师指导学生毕业设计中评析了1 043人次教师的指导过程。

评析了2 087份全校各教研室、研究所提供的各专业设置的通识教育基础课、学科大类基础课、专业与专业前沿特色课、专业选修课、公共选修课、实践教学环节课的教学大纲。

评析了近400门课程的试卷,14个学院提出的159门重点课程的建设情况。

对全校8个学院利用银行贷款进行的重点实验室建设情况进行评析。

通过以上检查与评析,针对部分青年教师指导毕业设计(论文)这一重要教学环节存在的问题,我们指导其如何填写教师指导手册,以保证毕业设计的进度与质量;对教学大纲,围绕教学目的、任务、重点、难点处理、教学进度、课程与课程之间衔接等关键问题分别提出评析意见;对试卷则重点围绕考核内容覆盖面、重点与难点及其比例、基本题与创新题、题型设计、评分标准、成绩汇总与分析、文档管理等方面提出评析意见;对实验室建设,我们更关注实验项目的教学目的如何实现、试验项目设立是否科学合理,促进教师积极增加综合性、设计性及创新性实验比例。

3. 启迪指导

启迪指导也许是教学督导成员最重要的工作内容和最基本的职能,检查与评析是为了发现问题,而发现问题并不是目的,根本目的是为了改进教学和提高教学质量。如前所述,督导团并非行政机构,因而它的意见和决议不具有行政指令及严格意义上的执行决策性。督导人员应责无旁贷地实施启迪指导职能、运用自己长期积累的教学实践体会与经验,对教学管理人员及任课教师(尤其是青年教师)给予热情的启迪指导,在我校教学质量的监控与保证中发挥应有的作用。主要工作如下:

每学年对新进的教师,学校均组织岗前培训班,教学指导团负责人均到培训班对青年教师如何忠于党的教育事业,如何做一名合格的大学教师,如何上好第一堂课提出要求及工作中的

注意事项,进行启迪指导;

　　对青年教师的课前试讲或部分学生反映课堂教学效果欠佳的近30多位教师(教务处近几学年每学期均列出课堂教学效果较差的(即学生评分、教学督团评分、同行专家评分、领导评分)排位在最后的近三十位教师名单)进行个别启迪指导。对如何编写课堂教案,如何针对课程类别注意教学方法(与学生的交流等),如何提高课堂教学效果提出中肯的指导;

　　从教学态度、教学方法、教学内容、语言表达、师生互动、教学观念、课堂效果、教书育人、教学风范诸方面对每一位被观摩教师的授课情况给予肯定,并指出不足之处,通过教研科向教师所属学院传递其相关信息;

　　对967位青年教师的授课情况进行课后面对面的交流启迪。这一举措收到青年教师的好评,对他(她)们的成长起到了促进作用。

4. 信息反馈

　　信息反馈是现代科学管理的关键之一,通过信息的收集和及时反馈,才能保证指挥决策的科学性,或者促使管理部门进行必要的行为调整,改进自己的工作。教学督导团是相对独立于其他教学行政管理职能部门的,比较超脱的专家组织,因其信息准确可靠和客观公正而受到学校领导和教学管理部门的重视,几年来我校把督导成员反馈的信息与其它渠道获得的信息一起作为对教师教学考核、教学测评、职称晋升、评教学奖项的依据之一。

　　参加了学校"青年教师课堂教学竞赛奖"、"教学质量优秀奖"、"优秀多媒体课件评比奖"、"我的教学新举措奖"等78位教师的评奖活动;

　　对学生反映意见较大的教师的课堂教学,配合各学院教学

管理部门进行数次随班听课,认真分析,并建议相关学院,教务处将其中 3 名调离教学第一线;

教学督导团每学期期中进行教学信息汇总,并向教务处提出书面或口头信息反馈。教学督导团每次教学信息反馈例会后,及时向教务处主管教学处长汇报 1~2 周的检查信息。

教学督导团成员固定联系某学院,通常在信息汇总例会上涉及某学院的相关信息均能及时向有关学院教学院长汇报,并提出合理建议;

对 39 名因违反学校教学法规而造成教学事故的教师,向其所在学院建议进行认真教育与适当处理。

5. 激励示范

激励就是激发和鼓励人的动机和行为,调动人的积极性,挖掘人的内在潜力,发挥人的创造精神,努力完成各项工作和任务,示范又叫榜样激励,榜样的力量是无穷的。督导人员要善于在教学第一线调查、观察中发现和帮助总结先进的教学事迹,优秀的教学典型,对其中特别优秀,成绩突出且具有导向作用的老、中、青教师向学校领导或教学管理职能部门推荐,建议评为先进或树为典型。拥有一支具有人格魅力、学术造诣深、教学水平高和善于教书育人的优秀教师队伍是学校的灵魂,是办好学校关键中的关键,我们应该拥有一大批校级、市级乃至国家级名师。

围绕课堂教学、实验教学、公选课教学、双语课教学,向学校推荐 382 人次的优秀教学事例,占 3 852 人次的 9.9%;

推荐 18 个教学小组研制的多媒体教学课件参加优秀课件评比活动;

推荐 97 名教师讲授的 78 门次课程,参加校"教学质量优秀奖"、"青年教师教书育人奖"的评比活动;

推荐 27 位教师作为公开示范性讲课，推广他（她）们优秀的教学经验、先进的教学方法。

6. 参谋咨询

教学督导团组织不仅仅是教学质量的监控组织之一，而且还是学校领导的参谋咨询机构之一。督导团成员通过教学活动和教学过程的研究，通过听课和常规督导与专项督导活动，对学校实施的教改进程中的热点、难点、重点问题开展专项调研，深入各教学领域，听取各方面的意见，集思广益，比较容易发现带有规律性经验或问题，向学校领导提出具有较强针对性、合理性的建议和意见，充分发挥教学督导作为学校领导的参谋咨询作用。

围绕加强教育和教学管理，加强教学建设、加强教学研究、加强课程建设、加强毕业设计（论文）教学环节管理、加强教风和学风建设、加强教学改革、提高教学质量诸方面共提出 228 项建议；

围绕反映我校教学质量、教风和学风，如实收集毕业设计、教学环节、精品课教学、公共课教学、公选课教学、计算机信息课教学、专业外语课教学、实践课教学等方面信息，向学校领导提供了各种调查报告及工作总结共约 32 万字的资料；

对我校近十五年课堂教学综合评估质量提供了第一手统计数据，其中课堂教学评估分在 90 分以上的 333 人次，其优秀率占 3 852 人次的 8.6%，面上教学的情况见表 1。

几年来，课堂教学质量评估分值的平均值前期较高，中间几年略有所降，说明随着一大批教学经验丰富的老教师的退休，课堂教学质量略有下降，同时也可看到青年教师要想提高课堂教学质量，必须大力开展教学生研究，可喜的是中间几年课堂教学质量评估分值随着青年教师的成长，已开始上升，特别是通过教

表1

97/98(一) 84.54	97/98(二) 86.6	98/99(一) 85.43	98/99(二) 82.82
99/00(一) 82.02	99/00(二) 81.20	00/01(一) 81.15	00/01(二) 81.65
01/02(一) 81.67	01/02(二) 81.12	02/03(一) 81.76	02/03(二) 81.85
03/04(一) 82.88	03/04(二) 82.32	04/05(一) 81.96	04/05(二) 83.2
05/06(一) 82.55	05/06(二) 82.23	06/07(一) 83.6	06/07(二) 84.03
07/08(一) 84.54	07/08(二) 84.53	08/09(一) 84.54	08/09(二) 85.04
09/10(一) 85.38	09/10(二) 84.6	10/11(一) 85.15	10/11(二) 85.8

育部专家对我校本科教学办学水平评估后的04/05(二)83.2分已达到历史较好水平,后几年教学平均分保持在84—85,说明教学质量平稳,教风学风都平稳向好。

对提高教学质量具有最直接而重要职责的教学基层组织就是教研室。最近,学校提出贯彻教授治学理念的教授团队建设,此乃高校教研组织适应于新形势的内涵演化与提升。为了提高课程的授课质量,教授团队负责人必须重视团队里老教师的传、帮、带的作用,帮助青年教师过好教学关。各学院及其教研室应依托教授团队大力开展教学法研究,积极承接各级各类课程建设任务(特别是省部级以上的教改课题),并鼓励教师撰写高质量的教学研究论文,编撰出版"面向21世纪教材",学校亦应将之与教师晋级考核挂钩。就此,教学督导团曾提出过8项相关建议。

教学督导团的参谋咨询曾受到市内教学评估专家的好评,也一直受到学校、党政领导的肯定与鼓励。

学校领导十分重视教学督导团的督导工作,为使它更好的发挥参谋咨询作用,一般情况下每学期有2次以上亲临督导团工作例会,指导、关心、帮助督导团开展有关工作。学校每学年召开的教学研讨会邀请督导团负责人参加,全校性的教学工作例会也邀请督导团成员例会。各学院、部召开的某些教学例会,也请督导团的相关成员参加。

根据以评促建、以评促改、以评促管、评建结合、重在创建的原则及学校领导的指示,近十五年来,教学督导团围绕教学过程的监督检查、分析评估、启迪指导、信息反馈、激励示范、参谋咨询等教学督导的基本职能,及教学督导团工作中坚持的六大原则,开展了大量的调查、研究工作,并取得了一定的成果。

督导团成员严格遵守工作纪律,认真履行工作职责,加强调查研究,发扬奉献精神,广泛听取师生的各种反映,为提高上海理工大学的本科教学质量和本科办学水平做出了一定的贡献,17位督导成员中有2人曾评为2000/2003年度、2003/2005年度上海市高校退管系统"老有所为"精英奖称号、有3人被学校评为"老有所为"先进工作者称号。

上述教学指导的实践符合上理工(1997)60号文件《关于建立上海理工大学教学督导室的决定》及上理工(2002)65号文件将督导室更名为教学督导团,文件中对教学督导团职责的定位及作用作了说明。高等学校教学督导如何定位,这是教育界同仁的至为关注的问题。也越来越引起人们议论和探讨。

关于高校教学督导工作的几点浅见

◎ 黄乐妹

教学质量是高等教育的生命线。教学督导实践证明,实施教学督导制度,树立"质量为本"的服务理念,严督善导,以导为主,与授课教师所在部门相互沟通、相互配合、相互协助、相互支持,相得益彰,是教学质量不断提高的重要保障。

一、质量为本,牢固树立的服务理念

教育部实施"高校教学质量工程",强调"提高质量是高等教育发展的核心任务,是建设高等教育强国的基本要求,是实现建设人力资源强国和创新型国家战略目标的关键"。教学督导是高校对教学工作实施监督与指导的一项制度,是学校教学质量监控体系中的重要组成部分。督导,顾名思义即监督和指导。教学督导的"督"具有监督、督促、检查和评估的职能;"导"具有指导、帮助、服务和咨询的职能。督导人员一般由学校聘请的有较高素质、且具有一定教学管理经验的离退休正、副教授担任。教学督导直接面对校内的教与学双方,全程参与教学过程,以专家身份对教学工作进行检查、监督、评价和指导,及时、客观地向学校领导、教学管理职能部门以及教与学双方反馈教学现状、教学质量等教学工作信息,提出改进教学工作的建议。可见,从教学督导的性质、职能看,督导不是"教学警察",不仅仅负责听课,对教师进行监督、督促和检查。督不是目的,是手段和措施,更重要的是导,进行指导和帮助,对教师教学中存在的不足和问题,在教学管理中的不足和不完善的地方提出科学、合理、可行的措施和建议,促进教学管理的不断完善,推动教学质量的提高,其出发点和落脚点在于提高教学质量。从本质上讲,教学督导的核心就是为教学管理服务。这要求教学督导团和教学督导员应牢固树立以"质量为本",服务于教学、服务于教学单位、服务于教师、服务于学生的思想理念,用发展的眼光审视教师进步和教学发展,从激励教师和学生、提高教与学的积极性出发,科学的、人性化的开展教学督导工作。以督促导,以导为主,促进教学质量不断提高。

二、督导结合,促进教学质量提高

促进教学质量的提高是一个系统的工程。本人在担任社会科学学院督导过程中,深深体会到教学督导工作的重要意义,督导不仅要严督善导,以导以主,还要与所在部门相互沟通、相互配合、相互协助、相互支持,相得益彰,才能促进教学质量的不断提高。

1. 以导为主,促进教学质量的提高

教学督导必须围绕学校提高教学质量的核心工作,认真履行自己的职责,对全校的本科教学及其管理工作进行监督、检查、评估和指导。在检查教学质量,探索提高教学水平,挖掘优秀教师典型,增强教师的责任感和进取心,促进教师队伍素质和教学质量的提高等方面发挥了重要作用,具体表现在以下几个方面:

（1）促进教学质量的提高。教师是教与学活动过程的主导，教师的课堂教学是最主要的教学活动，也是提高教学质量的关键，因此，提高教师的教学能力是教学督导最基本任务之一，也是教学督导工作的核心价值所在。督导人员在督导过程中，要正确处理好督导人员与教师的关系，严督善导，以导为主，着眼于激励和调动教师的积极性，旨在提高教师的教学能力。

首先，督导员要正确处理好与教师的关系。督导员深入课堂听课，应本着向教师学习的态度，去了解教学的真实情况。发现好的典型，积极宣传、推广好的教学经验；发现教学上存在的问题，要以谈心的方式，启迪点化，引导激励，提出改进教学的建议，做到"督要严格，评要中肯，导要得法，帮要诚恳"，使教师心悦诚服地接受指导，改进教学，提高教学水平。督导人员要尊重教师，满腔热情，平等待人，做教师的良师益友。督导人员和教师的关系应该是和谐、宽容、平等、合作、信任的关系。督导的权威不能靠领导的授权来建立，而应由督导人员的素质来树立，他们的学识水平、治学态度、个性品德，能产生行政权威无法产生的作用。

其次，要严督。督则察，严督是教学督导工作的前提，在督导过程中，要体现一个"严"字。听课是教学督导员的主要工作内容，教学督导员对教师课堂教学内容、教学态度、教学方法、教学效果以及学生的课堂表现和对课堂教学的现场反映等做重点观察、认真记录。在评教中，坚持实事求是，客观、公正评价，重在鼓励，催人奋进。绝不能以督导人员的主观印象和个人好恶为标准，以自己的教学习惯和教学方法与手段去衡量他人，更不能伤害授课教师的自尊心和自信心。同时，本着坚持原则、实事求是的态度，客观、公正、认真地指出教师在课堂教学中的不足和存在的问题。对此，决不能敷衍了事，你好、我好、他好、大家好,捣浆糊,更不能一笑而过。因为,个别在课堂教学过程中问题较多的教师,会对教学质量产生一定的负面影响,进而影响到学生的发展和成长。因此,凡是涉及教学质量的问题都不是小事,丝毫马虎不得,必须认真、严肃、慎重对待。这是对学校负责,对教师负责、对学生负责。

再次,以导为主,旨在提高。导则疏,疏导、引导和指导,出发点在于关心和帮助教师,为他们提供积极有效的帮助,化外部压力为激发他们的内在动力。导是教学督导工作的落脚点和目的。发现教师在课堂教学中的不足及教学中存在的欠缺,教学督导员要以与人为善的态度,发挥自身的主动性、创造性,从源头做起,采用各种形式诚恳为教师服务,为教师提供积极有效的帮助。平时与教师多交流、多沟通,听取教师的想法,针对不足为教师提供积极有效的帮助,做教师的良师益友。同时,积极主动参加学院及教研室组织的专题教学研讨会,共同商讨、探索、改进教学内容、教学方法。

(2) 塑造良好教学氛围与环境。教学督导通过督教、督学、督管等途径对教学全过程进行监控指导,全面了解和评价教师的教学态度、教学内容、教学方法和教学效果,学生的学习态度、学习纪律和学习效果以及教学管理人员的服务意识、执行规范、执行效果等多方面的情况,其过程对教师和学生乃至教学管理人员及部门都起着一定的推动作用,形成适度压力,增强教师和管理人员的职业道德意识、工作责任意识、质量意识和服务意识,促使教师认真钻研业务,提高学术水平,改进教学方法,推动教师队伍素质和教学质量的提高。同时有利于纠正不良的教风和学风,营造良好的校园文化氛围。

2. 相得益彰,促进教学质量的不断提高

教学督导不能独立完成教学质量提升的重要使命,必须与其他部门相互配合、相互协调、相互补充、相互支持。督导工作面向教学单位,督导人员深入教学第一线听课,了解到各种教学信息,发现教学中的问题及情况要主动与相关学院汇报。相关学院的领导也主动与督导沟通,及时了解、掌握教学信息,有的放矢地解决问题。

案例一：严督善导,提高课程教学质量

社会科学学院的《毛泽东思想和中国特色社会主义理论体系概论》课程,是"05方案"在整合《毛泽东思想概论》和《邓小平理论概论》等课程基础上,设置的一门新课。内容覆盖面很广,大道理很多,教师驾驭有困难,学生反映欠佳,督导的课堂教学质量评估分的平均值低于全院的平均分,只有83.7分。该教研室全体教师有一定的压力,但他们变压力为动力。该教研室教师与督导一起开会,共同探索提高教师的教学能力和课堂教学质量。同时加强集体备课,从教学内容、教学方法等一系列问题进行集体研讨,群策群力,充分发挥教师的积极性,各章节分头重点准备。在教学中教师互帮互学,相互学习,取长补短。教学督导在教学过程中与教师不断沟通、指导,教师针对自己的不足不断改进、不断提高。经过大家的努力,功夫不负有心人,该门课的教学质量有很大的提高。学生对这门课的满意率达到87.5%,督导的课堂教学质量评估分的平均值高于学院平均分,达到87分。主讲教师之一孔娜老师参加2012年上海高校思政课教学比赛,成为全市15名进入决赛的选手之一,获得三等奖,并应邀参加教育部组织的全国高校思政课教师暑期社会考察活动。她的"毛泽东思想和中国特色社会主义理论体系概论"课程网站点击率超过10万,在课程点击率排行榜(2012年10月8日)上居全校第二位。(全校共有两门课程超过10万,另一门是《化学反应工程》)。从这门课的变化可以看出,督导与教学单位的协助配合相得益彰,督导以教师教学能力的提高为本,认真指导教师的教书育人行为,热情诚恳地帮助和督促他们提高课堂教学水平和教学质量。这种严督善导,以导为主,重"导"轻"督"的做法,拉近了督导与教师的距离,增强了教师的责任感,培养了教师的敬业精神和进取精神,起到了良好的效果。

案例二:全院合力、多措并举,教学质量提升显实效

2012年3月8日,经学校党委常委会研究决定,撤销社会科学部,组建社会科学学院。社会科学学院院长陈大文教授作为教育部思政课教学指导分委会副主任,有丰富的教学指导经验。他和新领导班子很重视教学工作,刚成立不久就邀请教学督导专门开会,听取督导的教学信息反馈,共同研究、分析教师的教学工作。对教学质量欠佳的教师,院长带领班子成员、督导和部分教师集体听课,听后马上集中评教,提出存在主要问题及改进的建议。督导主动、积极参加学院提高教师素质的各种教学活动。新学期一开始,社会科学学院为进一步加强思想政治理论课教师队伍建设,切实提高大学生思想政治理论课教育教学质量和教学水平,开展"教学质量活动月"系列活动。具体如下:第一,教师教学基本功提升活动。该活动具体指导教师如何练内功和基本功来提高教学质量。首先,提高教师制作多媒体课件的能力。教师上课前最基本的就是收集资料做好多媒体课件。好的多媒体课件对提高教学质量有重要作用。如何做好多媒体课件,涉及到教师的素质和具体技术等方面,社会科学学院邀请了名师作思政课教学及课件制作的辅导报告,全体教师大开眼界、受益匪浅。其次,从源头抓起,开展新老教师一对一结对活动。对于新进教师,学院指派教学经验丰富的老教师具体指导,展开一对一结对活动。各教研部在暑期里专门开会,与新老师一起探讨教学,老教师负责传授教学经验和教学方法,帮助新教师一章一章的备课。新老师虚心讨教，主动去听课取经，向教学经验和教学方法丰富的教师学习。所在部门的督导主动关心、帮助和指导。使传帮带好传统真正落实到实处，形成良好的风气和氛围。第二，开展教学比赛活动，形成你追我赶，相互学习，取长补短，共同提高的良好教学氛围。教学比赛初赛阶段，学院领导和督导及各教研部主任和优秀教师担任评委，按教学内容、方法、效果等5个方面打分。为了公正、全面地评价教学效果，每场比赛将随机邀请10名学生评委，一起打分，参与评定。第三，教师互学互评活动。在"教学质量月"中，学院要求每位教师听课不少于2次，并认真填写《听课记录》和撰写《互评互学小结》。这不仅仅是一次打分比赛，通过这次活动，教师之间进行研讨、分析、反思和总结，这对提高教学教师的素质和教学水平起到积极的作用。第四，优秀课程网站评选活动。根据内容设计、信息更新、版面设计、互动性、访问量情况评选出优秀课程网页。此外，社会科学学院还邀请多位思政课教学领域方面的专家来学院讲座，与教师分享思政课前沿性、前瞻性理论的研究成果。同时，社会科学学院还鼓励教师走出去参加教育部、上海市委党校、上海市教委等部门举办的思想政治理论课相关专题的培训，提升了教师的理论素养。

可见，学院采取了各种行之有效的措施，对提高教学质量已初见成效。越来越多的教师上课能做到深入浅出，"贴地起飞"，理论联系实际，贴近大学校园生活，学生听了之后往往会产生亲切感，容易拉近教师和学生的距离，提高学生对教学的认同感，思政课教学的针对性大大提高，课堂教学效果有相当大的改善。2012/2013学年第一学期督导听课刚过三周，已经有两位教师的课堂教学质量评估分达到90分以上，这是本人担任督导以来第一次。

三、完善自我，进一步做好教学督导工作

为了全面落实胡锦涛总书记的重要讲话精神和教育规划纲要的总体部署，进一步提高人才培养质量，使学校办学水平提档升级。在新的形势下，教学督导要不断完善自我，更好地履行教学督导的职责和义务。

与时俱进，加强学习，努力提高自身素质。当今，科学技术的发展与进步日新月异，学科发展的新思想、新概念、新成果不断涌现。作为一名教学督导员，面对新形势、新情况，做好教学督导工作，需要具有较高的教育理论修养和学识水平。督导人员要自觉加强学习，更新知识，充实自己，提高素质，跟上时代的步伐，与时俱进，这样才能站得高，看得远，胜任督导工作。

爱岗敬业、忠于职守。在教学督导过程中，坚持以人为本、实事求是、有的放矢的原则，保持谦虚谨慎的态度，既坚持原则、直言不讳，又不简单粗暴、强加于人；谦和诚实做人，勤勉踏实认真做事。尽职尽责地做好教学督导工作，为上海理工大学的可持续发展贡献绵薄之力。

创新导向的上理工本科教学漫谈

◎ 陈儿同

　　国家主席胡锦涛在全国科技创新大会上强调[1]，大力实施科教兴国战略和人才强国战略，坚持自主创新、重点跨越、支撑发展、引领未来的指导方针，全面落实国家中长期科学和技术发展规划纲要，以提高自主创新能力为核心，以促进科技与经济社会发展紧密结合为重点，进一步深化科技体制改革，着力解决制约科技创新的突出问题，充分发挥科技在转变经济发展方式和调整经济结构中的支撑引领作用，加快建设国家创新体系，为全面建成小康社会进而建设世界科技强国奠定坚实基础。

　　作为一所具有百年历史的高校，上海理工大学致力于以创新理念、创新手段培育创新人才。上理工校长代表校方介绍了学校的办学思路和做法[2]，包括实施课程与教学改革，构建创新性的课程体系；探索多元化的培养路径，实现个性化的创新教育；构筑多目标培养体系，开展全程式的创业教育；实践多种合作教育模式，培养大批竞争性国际人才；开展自主式实践改革，营造探究性的学习环境。提出了培养学生的创新意识和创新能力、创新教育与科学发展观的均衡性、教育个性化与教育多元化、高校的教书育人环境、高等院校培养创新型人才的教育体系等的关键论点与实践方法。

要在大学之间创造竞争机制,要在大学之间创造相对的比较优势,要使每个大学具有自己创新的、突出的要素,这慢慢地成为世界潮流[3]。

本文拟以上理工校长的上述讲话要点作为提纲,查阅相关文献、讲话及报道,进行遴选、整理,撰写一篇涉及教学与创新的有关政策、学校体制、理论与实践等内容的综述性文章,旨在认识高等院校作为建设国家创新体系的重要地位、学习教学与创新的相关理论与实践方法,尤其是通过大量文档的查阅,了解我校多年来在实施教学与创新中所发挥的重要作用以及取得的丰硕成果,这对高校的教育工作者有一个明确的目标,并激励我们更有效地开展教学与创新工作。

一、深入教学改革,构建创新性的课程体系

上海理工大学是本市首批试点创业教育改革的院校之一[18],同时也是本市推进创业教育体系建设的两所试点高校之一。近年来,学校坚持创业教育的知识创新取向,积极探索创新创业教育的有效载体和抓手,在实践中形成了"课堂教学—创新实验—项目训练—企业孵化"的创新创业教育体系,成效明显。

大学的课程体系是由"两类课程"构成的[4]:即"使人成为人的学问"与"使人成为某一种人的学问"。"使人成为人"的课程,可概称为"共同知识类课程"。"使人成为某一种人"的课程,可概称为"专业课程"。

1. 共同知识类课程

大学生综合素质教育目标,应是培养志向高远、学术精深、体魄强健、心境恬美,富有社会责任感、创新精神和实践能力的社会主义建设者和接班人[5]。高远的理想——是一种积极、健康、向上的人生价值取向,是青年大学生应有的人生态度,是引

导一个人锲而不舍、不断追求,不断攀登的引擎,是人生的动力。高远的理想应该与祖国和社会的需要联系在一起,要与脚踏实地的务实精神,以及自己的特点、长处、兴趣结合。

相关研究同样表明:要真正取得创新成果,兴趣、天赋当然很重要,但最根本的是意志、毅力等人格品质。这事实上也就是我们所说的创新人格,它是世界观、方法论和毅力等众多非智力因素的有机结合,往往表现为责任感、好奇心、求知欲、想象力以及奋斗精神等[6]。美国等国家把进行责任意识教育作为21世纪道德教育的首位目标。责任教育就是引导学生把服务于民族进步、国家发展和人类幸福作为创新活动的出发点和根本归属。有了这种道德责任和人文关怀,才能真切感受实践的呼唤、时代的脉搏,在丰富多彩的社会实践中发现问题,寻找有价值、有意义的课题和项目。

中国古人云:"学起于思,思源于疑。"追求真理,首先要学会质疑、学会思考。缺乏独立思考的人,往往只会人云亦云,拘泥于现状,这样的人是不可能发现新事物的。创新就是想他人所未想、言他人所未言、为他人所未为,而打破常规往往要触犯一些"权威"、越过一些"禁区",难免有时要遭"非议",经受磨难。这就要有一种想干事、干成事、不怕事的勇气。创新的道路遍布荆棘,只有磨砺坚定的意志,始终对自己充满自信并善于控制自己,才能克服急功近利、急于求成的浮躁心态,才能在创新的过程中面对种种失败的可能性和意想不到的重重艰难险阻,仍然保持"板凳需坐十年冷"的淡定和执着。

随着时代的进步和科技的发展,人们所掌握的知识越分越细致,个人不可能知晓一切,只有善于学习,以开放的心态放眼天下,兼收并蓄,积极吸纳他人的智慧和成果,善于同他人团结协作,才能避免因个人知识和能力的不足所造成的局限。

2. 专业课程

主要是通过专业课程改革,培养大学生具有现代"通才"的"知识结构"。所谓"通才"的"知识结构",既不是"专才"的狭窄知识结构,也不是"泛才"的"样样通,样样松"的知识结构,而是"有广博知识基础和较好专门化知识主干"的知识结构。可以称为,"一专多通,一专多能"的创造型人才的知识结构。

优化课程体系,整合课程内容,增加实践环节的比例[7]。课程内容设置上充分体现对学生创新精神,创新能力和实践动手能力的培养,最大限度地实现课程结构的优化,如浓缩专业课程,增大选修课比例,完善课程转换体系。

实施课程与教学改革,构建创新性的课程体系。围绕国家经济发展与区域产业结构调整需要,实施学科整合优化,上海理工大学将现有学科整合成了"动力、能源与环境工程"、"光学与电子信息工程"、"系统、管理科学与工程"、"先进制造及装备技术"、"医学工程与食品安全"、"新媒体与出版印刷"六大学科群,并通过全课程选修,构建了学生个体化的课程体系,形成了他们利于创新的知识结构。通过创新素质拓展专门学分的设立,跨校辅修、"第二专业"学习等制度的完善,培养更多"交叉复合型"人才[2]。

二、以多元化培养,实现个性化的创新教育

上海理工大学坚持个性化的现代教学理念,通过同一课程分层设置的做法,实现了每位学生都在原有基础上得到发展的目标[2]。

个性化教育是培养创新型人才的先决条件。当今社会,创新型人才业已成为提高国家自主创新能力和综合国力的关键因素。培养具有创新精神和实践能力的创新型人才,是高等学校

义不容辞的责任[8]。

要探索个性化的教育手段,要改变那种传承了多年的"满堂灌"、"填鸭式"的没有生气的教学模式,实现"以教师为本"向"以学生为本"的"互动式"的教学模式的转换[9]。放开手脚,鼓励试验多种教学方法,鼓励学生独立思考、合理想象;提倡"异想天开",允许"标新立异",克服学生思维单一化的倾向,启发学生对同一件事从不同角度、不同视角、不同方向进行思考,启发学生对课本、对课堂教学提出质疑,触发他们的灵感,逐步形成多维、多角度的立体式思维习惯,激发学生的创新思维能力。

实施个性化的教育手段的前提是培育民主化的教育作风。教育民主化的基本原则是承认师生人格的平等。教师要善于与学生作学术思想的平等切磋,并虚心听取学生的意见,吸取学生的有益思想,从学生的提问、质疑中寻找自己教学中的不足,甚至鼓励学生否定自己的意见;要学会用欣赏的眼光看学生,善于发现学生的长处,并虚心向学生的长处学习,以弥补自身的不足;要善于洞察学生的心灵世界,熟悉学生心理,多与学生进行心理交流,同学生交知心朋友,学会用"心"与学生作平等对话,以达到师生的彼此真情理解。还要给学生以主动探究、自主学习的空间,给学生自主学习的机会,为学生提供探究的自由空间,鼓励学生思维的自由驰骋,努力构建生动活泼、主动探索的学习气氛,引导学生积极思维、主动探索,在学习中发掘内在潜力。

在学习过程中,重视学生的分类培养,对"研究型"学生实行学术导师制,对"应用型"学生则为其创造各种实习、实践机会,对"专长型"学生,为其专长的进一步加强创造各方面有利条件[2]。

第一,学生的学术能力和研究能力是研究型大学人才培养的核心指标,也是研究型大学本科教育改革的重要命题[10]。

对"研究型"学生实行学术导师制,老师可把带有开放讨论的含课程综合知识的若干问题以及相关案例发给学生,学生按照兴趣方向组成研讨学习小组,并在老师指导下进行研讨学习。指导老师应适时地引导学生进行辩论,撰写小组对问题研究讨论的研究报告,最后组织小组答辩来评定小组成绩以及每个组员的成绩[11]。教师要多向学生推荐好的参考文献、课程教学网站和学习论坛。应充分利用信息网络课程平台上的教学大纲、教学录像、课程教学 PPT、研究资源中心等资源。这样,学生不仅可以利用相关资源进行课程学习,还可以了解本学科研究动态。教师应鼓励学生多读经典文献和最新研究成果,提高学生的独立思考和解决问题的能力。

第二,理工院校担负着培养高素质专门人才的重要任务,培养适应"广泛就业需要"的应用型人才,是新世纪经济社会发展的客观要求,也是理工院校在竞争激烈的教育市场中立于不败之地的根本。

按照社会经济发展的客观要求,真正培养出"具有综合能力和全面素质的应用型人才",是高等教育自身改革发展中需要研究解决的重要课题[12]。

应当明确,本科教育培养应用型人才,不应该简单地理解为培养动手能力强的人才,其与高等专科教育、高等职业教育中的应用型人才是不能同等对待的,否则,过分强调应用能力与动手能力,势必导致本科教育质量的下降[29]。

高校培养的应用型人才不仅要懂得专业知识、掌握扎实的技能,更要懂得学习和吸收人类社会的优秀文化成果,形成多方面的综合素质。学校应合理设置基础课、专业课、实践课的比例,促使学生既要打下扎实的理论基础,形成健全的人格,又要训练学生熟练的动手能力以及初步的科研能力,为学生终身学习意识的养成和终身学习能力的形成夯实基础。在专业设置上,应突破传统的单纯学科性的专业设置模式,从学科本位向职业性和学科性相结合转变,构建与市场需求紧密接轨和以就业为导向的专业结构体系。

在课程内容的选择上,根据国家有关的基本要求和培养应用型专门人才的实际需要,整合、重组、优化新的教学内容,淡化各门课程的独立地位,注重课程综合化、整体性,注重衔接和交汇,避免重复和陈旧,积极吸收符合学校培养目标的优质教育资源,努力培植自己的品牌课程、重点课程、特色课程,力求做到教学内容的先进性、科学性与实用性的有机统一。

本科应用型人才不仅要有一定的决策、管理、方案设计等实践操作能力,还要有较强的创新、创业能力。在以成熟的技术和规范为基础,具有某行业或职业群所共有的职业技能、技艺和运用能力的同时,更具有较强的技术应用能力,以及技术创新能力。在素质方面,本科应用型人才不仅要有较强的专业素养,还要有一定的非专业素养。由于应用型人才在开展具体职业行为的过程中,专业知识的运用、职业技术的发挥,又往往与个人的价值观、道德观、意志品质、身心素质等非专业方面的素质关系密切。这些非专业素养直接影响其任务的完成效果和质量[13]。

第三,建设创新型国家,关键在人才,特别是创新型人才[14]。对"专长型"人才,构建专业平台课程和特色课程体系,着力培养特色人才。专业特色课程针对专业人才培养定位和目标设置。

2012 年,上海市教育委员会以第五届全国大学生机械创新大赛为契机,精心挑选在大学生机械工程创新工作中成绩突出、经验丰富的上海理工大学为承办高校[15],第一次面向上海高校大学生举办上海市大学生机械工程创新大赛,并以此项赛事向全国大学生机械创新大赛输送优秀作品参加全国大赛。大赛旨在引导高等学校在教学中注重培养大学生的创新设计能力、综合设计能力与协作精神;加强学生动手能力的培养和工程实践的训练,提高学生针对实际需求进行机械创新、设计、制作的实践工作能力,吸引、鼓励广大学生踊跃参加课外科技活动,为优秀人才脱颖而出创造条件。上海理工大学作为本届大赛的承办高校,于2011年被教育部确立为"卓越工程师培养计划"的执行高校。学校始终高度重视大学生科技创新能力的开发与培养工作,紧密结合我国工程教育改革发展的战略重点和经济社会发展需要,较早确立了培养具有国际视野和创新能力的工程型、应用型、管理型高素质人才的目标,着力打造"工程实训中心"为实践基地,充分运用实训中心现有设备、场地和技术力量,形成相互关联的实践教学体系,满足学生的实践需求,逐步增加综合性、设计性的实训内容,引导学生直接深入专业前沿、深入生产工艺实践、深入实际应用,发现新问题,提出新方案,为发明、创造和创业打下基础,为在校大学生提供"全天候"的机械工程创新与创业的培养与实践。近年来,经过学校师生的共同努力与不懈奋斗,学校师生在国内外重大赛事中屡创佳绩,其中在享有设计界"奥斯卡"之称的德国"红点设计大赛"中连续两年获得"红点概念设计大奖";在第四届全国机械创新设计大赛中荣获一等奖;在第十一届"挑战杯"(航空航天)全国大学生课外学术科技作品竞赛三等奖;荣获上海市教学成果一等奖等。

同时,上海理工大学与附中探索"学分互认"机制,培养高中生的创新素养、为大学"育苗"[16]。"高中与大学课程贯通,既能帮助高中生开拓视野、发展兴趣和特长,又有助于大学提前'育苗'、提高人才培养效率。"学分互认、课程贯通并非尖子生专利,而是意在对全体学生进行科技创新启蒙。这让更多成绩并不突出但在一些方面学有专长和兴趣的普通学生受益。有关高校录取专长生的方式,已得到有关职能部门的重视[17]。

三、多目标培养,开展全程式的创业教育

创业教育是创新教育的一个方面[2]。学校在创新创业教育中注重提升学生的终身学习和可持续发展的素质,除了课堂教学方法创新外,更加注重实践教学环节的实效性。学校提倡各学院根据学科专业特点,探索适合的创业教育实施形式,鼓励、引导学生运用所学专业知识进行科技创业。依据创新型应用人才培养的特色与定位,学校在开展卓越工程教育的背景下,通过探索"实践→归纳→推理→再实践"的培养模式,强化工程实践实训,紧密产学研合作,让学生体验和参与创意、设计、制造、试验等制造生产的全流程,提高学生分析和解决工程问题的能力,着力打造和培养具有工程背景、为工程领域提供服务的"工程师"型的创业人才。学校发挥国际化办学优势,在创新创业教育实施过程中努力凸现国际化教育的办学特色。

本着"关注创业、鼓励创业、自主创业、服务创业"的宗旨,利用成功创业者和就业指导者的亲身经历去鼓励大学生勇于创业、学会创业;通过社团活动、校友讲坛、勤工助学岗位模拟、"职业能力训练营"等各种途径,开展"实战型"创业实践活动,营造争相创新的校园文化。积极鼓励教师、学生辅导员、管理人员、企业家参与到创业教育中来,建立起一支管理学领域专业教师、研究生导师、学生思政工作者和聘请的企业家组成的创业导师队伍。学校依托工商管理专业率先在高校中开设创业学专业,着力培养具有创新能力的创业企业家和职业经理人。学校将创新创业教育纳入学校培养计划,设置了创业通识教育课程—创

业专业课程—创业专业教育。搭建创新创业教育实训平台、设立大学生创新创业基金。

上海理工大学实施一系列的有效措施,保障创业教育的实施[19],在组织机构上,学校成立了大学生创业促进管理委员会,由校长亲自担任主任,相关分管副校长担任成员,管委会下属办公室具体操作,统一协调全校的创业教育,书记分管学校创业基金,拨专款支持学生创业活动,在师资队伍建设上,学校通过多种渠道培养一批热爱创业教育,具备创业教育条件的优秀教师,加强创业教育师资队伍。采取了立体化全方位方式开展创业教育,所有学生都参与创业培训,有专业教师、辅导员、职能部门和社团组织编织成创新创业网络。聘请企业家当教师,提升创业家的态度、创业品质和创业实践的能力。编写了第一本创业教育教程,要求每个学生都参与一门创业课程的学习,使他们掌握技能和相关知识。

上海理工大学校长在接受《文汇报》记者专访时指出,"创业一定要有长效机制,不仅仅是一时把公司开起来,还要让公司发展壮大,具备可持续发展的生命力。"一方面大学和社会为大学生科技创业企业提供完善的全程培育,让它们能健康成长,另一方面也期待能够创造环境,让更多的民间基金关注大学生创业企业[20]。

四、国际化教育,培养跨国就业竞争力

上海理工大学是国内最早开展国际合作办学的高校之一[21]。在国际化人才培养方面,承继了沪江大学和中法工学院的传统,实现了多元文化渗透交融,充分利用与海外合作办学的资源共享的集约化优势,成规模、成建制引入符合上海市经济发展战略所急需的海外优质教育资源,实现多学科的优势互补。

中外合作教育不仅仅专注于为学生提供国际化的严谨的学术教学,同时也致力于为学生营造多元化的文化氛围,赋予学生广阔的国际化的视野,培养并强化其跨文化的理解和沟通能力,逐步建立国际化的思维方式与行为规范,从而成长为真正意义上的国际化人才。

上海理工大学创办中外合作教育二十多年来,经过积极探索与深入实践,现已走出了一条崭新的道路,形成了与国际教育接轨的日渐成熟的中外合作教育模式,以及一整套融合世界先进高等教育理念并日渐具有本土化教育优势的人才培养模式,形成了德国工程型人才培养模式、欧美日应用型人才培养模式、美国管理型人才培养模式、英国人才培养模式。

上海理工大学携手英国9所著名大学共同创立的"上海理工大学中英国际学院"[22]。中英国际学院是目前国内领先的成系统、成规模、集约化引进海外一流大学优质教育资源的国际性学院,由上海理工大学发起,并携手英国谢菲尔德大学、利兹大学、布兰福德大学、哈德兹菲尔德大学、利兹城市大学、塞佛大学、利物浦约翰摩尔斯大学、曼彻斯特都会大学、谢菲尔德哈雷姆大学等9所世界一流大学共同创建而成。中英国际学院未来学科建设的方向是为上海和全国在"先进制造业"和"现代服务业"发展过程中培养急需的具有跨国就业竞争力的国际型人才。

中华人民共和国中外合作办学条例[23]指出:中外合作办学属于公益性事业,是中国教育事业的组成部分。国家对中外合作办学实行扩大开放、规范办学、依法管理、促进发展的方针。国家鼓励引进外国优质教育资源的中外合作办学。国家鼓励在高等教育、职业教育领域开展中外合作办学,鼓励中国高等教育机构与外国知名的高等教育机构合作办学。

五、实践教育自立自主,营造科学研究环境

上海理工大学以创新创业教育为抓手,全面推进人才培养的建设,在学校党政一把手的亲自领导下,全校上下齐抓奋进,通过几年探索,初步构建了创业文化建设、创业项目培育、创业课程及专业建设、创业实践平台和创业教育研究五位一体的创业人才、培养制度体系,努力学习国内外先进经验,积极探索在全校范围内开展创业教育,取得了一些可喜的成绩,我校是国家创新创业模式试验区,也是国家级大学生创新实验基地,上海教委把我校列为创业教育的试点学校之一[24]。

提供创业化平台,学校加大了实验中心和创新中心的建设,在教委的支持下,至2009年我校已经建成三个国家级示范教育实验中心,同时还建有五个上海市示范性教育中心,覆盖我校六大学科群,同时还建成了一批创新实验室,全天候向学生开放,培养学生创新创业能力。广电区实验室和创新实验区每天同时可以接纳1 000学生做实验,老师实行全程指导,建立多元化实验平台,让学生自主参与项目,提升解决问题的能力。学校国家大学科技园也建立了学生创新中心,设立了6个具有鲜明特色的创业项目服务平台,为我校大学生创业活动的开展提供创新创业服务,对经过审批建立的大学生科技创业、企业,我们有老师更正服务指导,执行服务。与上海市创业基金会合作引进和培养创业教师,同时也聘请了一批企业家担任创业教育课程的指导教师,用他们亲身实践经历,阐述创业之道,在自主建设上,学校通过了教师企业实验制度、产学研结合的教学制度。

2011年,学校还自筹资金建成了光学电子、机械设计制造、工业设计3个全天候的学生创新创意中心和"微创医疗器械教育部工程中心",为学生业余创新活动提供了可靠保证。此外,

通过西门子、上海大众等300余家国内外知名企业的实践实习基地建设、国家大学科技园内的创业实践基地建设等等,为我校学生的实践知识学习搭建了良好的实践平台[25]。实验、实践教学体系的完善和不断优化,使得自主综合性创新性实验比例逐渐加大,形成了基础类—课程类—综合类—创新类的阶梯型递进式实验教学体系。为培养学生的创新思维和实践能力打下坚实的基础,早在2004年设立了大学生创新基金,成立了学生课外科技创新活动领导小组。继2007年成为上海市"大学生创新活动计划"试点高校、2008年被教育部列入"大学生创新性实验计划"实施高校之一,在三届"全国大学生创新论坛"上,我校学生的创新实验作品(论文)表现突出,曾两次获得"优秀论文"和"十佳项目"称号。通过多年的探索和实践,我校的创新创业教育保障了教学改革的最大惠及面,成果丰硕。

2012年1月11日,上海市青少年科技人才培养基地—上海理工大学环境科学实践工作站揭牌仪式在我校举行[26]。实践工作站的建立为中小学科技特长生的培养和研究性学习提供了平台,为爱好科技活动的中学生创设了渠道,为科学普及工作做出了贡献。通过现场参观和实际操作,使中学生们激发了对科学的兴趣,增强了操作动手能力,提升了环保意识。

上海理工大学打造"全天候"工程实训中心创新人才实践教学基地[27]。全天候教学改革以目标化、系统化、规范化为原则,围绕"卓越教学工程"的培养目标,充分运用中心现有设备、场地和技术力量,形成相互联系的实践教学体系,规范实践教学的内容、形式,制定出适用于全天候教学的考核标准和要求。实践教学,一是实现从实习型向实践型转变,即实践教学各环节不只停留在教材上某一工种的操作和知识点上,而是与生产实践相结合,向多工种的工艺结果——产品制造发展和努力;二是实现教学安排由计划向计划和选择相结合转变，即逐步增加综合性、设计性的实训内容，引导学生直接深入专业前沿、生产工艺实践、实际应用，发现新问题，提出新方案，从事发明和创造；三是实现由单一技能实训向全面工程实训转变，即在原来只单一传授学生知识和训练技能向注重学生综合能力的培养转变，学生除了在实训中心学习技能外，还将学到产品制造工艺、产品质量控制、生产成本控制、现代企业管理等知识。

近年来，我校通过创新教育为校园文化注入了新的活力，各种创新活动的蓬勃开展，激发了学生的创新欲望，培养了学生的创新精神和实践动手能力，很多学生积极投入各类创新活动中，并取得了优异的成绩[28]。作为2012年上海大学生学科竞赛的主要承办单位，既是市教委对我校承办高水平竞赛能力的认可，又是对我校近年来通过开展创新教育所取得的成绩以及在此基础上形成的良好校园创新文化的肯定。

21世纪是"创造教育世纪"，创造性人才要通过创造教育来培养。高校创新教育[27]以增强自主创新能力、建设创新型国家为目标，以构建创新体系为基点，吸收国内外创新理论、培养创新思维、训练创新技法。

参考文献

1. 胡锦涛，2020年进入创新型国家行列，经济参考报，2012年7月9日.
2. 曹继军，上海理工大学校长访谈：百年老校的创新追求，光明日报，2012年3月16日.
3. 丁学良，中国经济与管理研究院《自主创新与大学》演讲稿，2008年06月25日.
4. 陈秉公、陈卓，大学课程体系改革刍议，吉林大学、东北师范大学，

http://www.gmw.cn,2010 年 7 月 17 日.

5. 郭大成,培养会做人能做事的大学生,在 8 月 22 日教育部"文化素质教育"高层论坛上的讲话,2010 年 08 月 27 日,人民网—人民日报.

6. 翁铁慧,创新人格是创新人才培养的根基,教育部第二届高校德育创新发展研究论坛上的发言,解放日报,2011 年 12 月 13 日.

7. 向学杰,关于大学生创新能力培养的思考,铜仁学院学报,2009 年第 04 期.

8. 于淼、徐浩然、张媛媛、张丽,高校大学生个性化教育方法探索,大家,2012 年 09 期.

9. 贺善侃,教育创新应发展个性化教育,东华大学人文学院 www.doc88.com/p-514830139596.html,2012 年 7 月 10 日.

10. 阮啸、傅方正,研究型大学新生研讨课的探索与实践,中国高教研究,2011 年第 11 期.

11. 方厚政,信息经济学课程的研究性教学方式探讨,中国信息界,2012 年第 3 期.

12. 汪梅臻,高校应用型人才培养模式探索,2012 年 6 月 3 日,理论界,2008 年 07 期.

13. 管天球,地方高校本科应用型人才培养模式研究与实践,中国高等教育,2008 年第 16 期.

14. 宁滨,高水平特色大学的创新型人才培养,中国高教研究,2012 年 6 月 15 日.

15. 周列,智能装置"争奇斗艳",上海理工大学举行机械设计赛,东方网 2012 年 5 月 14 日.

16. 李爱铭,上海理工大学与附中探索"学分互认"机制,解放日报,2012 年 2 月 21 日.

17. 张楠,上海市教委规定高校录取专长生要集体讨论,中国青年报,2012 年 04 月 13 日.

18. 宋成龙,上海理工大学以学生为本构筑创新创业教育体系,教育部网站 www.jyb.cn,2011年06月14日.
19. 陈敬良,上海市大学生创业教育,2009创业周暨全球创业周中国站主题活动"创新型创业教育实践"国际研讨会,http：//www.sina.com.cn,2009年11月16日.
20. 李雪林,上海理工大学校长呼吁民间基金关注大学生创业,东方网—文汇报,2010年06月22日.
21. 上海理工大学留学生办公室,上海理工大学国际教育特色,iso.usst.edu.cn,2008年6月1日.
22. 刘丹,上海理工大学探索"1+n"国际教育合作新模式,新华网上海2006年10月28日.
23. 中华人民共和国中外合作办学条例,中国网 www.china.com.cn/law/flfg/txt/,2006年8月8日.
24. 陈敬良,上海市大学生创业教育,中国共青团网,www.gqt.org.cn,2009年11月23日.
25. 王静,构筑创新创业教育立交桥,促进人才培养质量综合提升(来源：上海理工大学),www.moe.edu.cn/publicfiles/business/htmlf,2012年6月15日.
26. 易蓉,上海理工成立环境科学实践工作站,新民晚报,上海理工大学环境科学实践工作站成立,2012年1月11日.
27. 上海理工大学打造"全天候"创新人才实践教学基地,中国高校之窗,www.gx211.com,2010年11月25日.
28. 上海理工大学教务处,大力开展学科竞赛,拓宽创新教育平台,www.usst.edu.cn/,2012年4月27日.
29. 浅谈民办本科高校应用型人才的培养模式 www.papers8.cn 中华论文联盟,2012年6月3日.
30. 周延波 高校创新教育 普通高等教育十二五规划教材,科学出版社;第1版(2011年8月1日).

教学督导工作和个体角色行为

◎ 相云霞

上海理工大学教学督导团最基本的工作包括随机或抽样听课、教学秩序的调查、对青年教师教学活动的观摩以及对学生毕业设计的检查。在这些工作中,听课是教学督导团的主要工作内容,督导团成员对课程内容、教师教学态度、教学方法、教学辅助手段的应用、学生现场反应等方面做重点观察和记录,同时了解学校推出的教学改革措施的实际效果和问题,学校通过教学督导团及时获知教学运行的实际情况。

上海理工大学教学督导员,通常是由学校聘请有丰富教学经验的离退休具有高级职称教师担任,依照有关规定对教学活动的全过程进行经常性检查、督促、评价和指导,目的在于确保正常教学秩序的运行和本科教学质量的提高,因此教学督导员工作出发点和落脚点是保证和提高教学质量。如何保证这一工作中心顺利进行,笔者认为教学督导员的工作宗旨应是:"重在指导,旨在提高。"根据这一宗旨笔者认为应正确处理以下几方面关系:

一、正确解构局部利益与全局观念的关系

督导员来自不同院、系部门,但代表学校组织履行督导职

责,认真完成学校托付的各项任务。因此督导员应当站在学校立场上,纵览全局,摆脱部门利益代表者角色,从全局出发,公正办事。避免偏向本部门或熟人,使评价失准,有失公平等现象。在评课、对青年教师教学观摩活动,以及对学生毕业设计的检查,应呈现英雄所见略同的和谐可喜的结果。不仅能保证了各项工作顺利圆满完成,而且有利提高督导员的威望。由此,笔者认为高等学校教育教学管理中的督导工作,是一种制度,也是学校对教学进行质量管理的一种手段。通俗地说,它就是一种教学管理。教学督导活动必须在教学督导员与教师双方密切配合、统一协调下才能产生预期的良好效果。教师既是督导的对象,又是教学的主导,他们处在教学工作的第一线,有自己对教学工作的见解。因此教学督导的工作原则:教学督导的客观公正性决定了督导活动必须要建立在科学的基础上,要有客观的标准、科学的态度和方法,这就要求教学督导工作要按照教育教学的基本规律、原则、方法来开展活动。具体讲,就是要构建科学的指标体系,准确把握教学督导活动的内涵,实事求是地制定可操作性工作方案,严格督导程序。进行教学评价时,要坚持公开、公正、公平的原则,通过有秩序、规范的运作,实现整体提升教学质量的目标。

二、正确解构"督"与"导"的关系

笔者是教学督导团队的一名新兵,开始对"督"与"导"的关系把握不准,有时甚至颠倒"督"与"导"的关系。自己由原先被督导员听课,现在以督导员的身份听别人的课,由"被听"到"听",在这角色转换过程中,经常带着自己的教学模式和教学方法,去衡量在讲台上的教师,对个别老师讲课听不进、看不惯,并着急埋怨。听课只"督"不"导",搞得一些年轻教师精神紧张、无所适从，甚至对我的听课产生惧怕心理，我意识到只"督"不"导"不但保证不了我校的教学质量提升，反而阻碍年轻教师的成长和独特教学风格的形成。在"教学有法、教无定法"原则指导下，笔者脱下"学生心目中好老师"的外壳，放下自己的教学模式，本着向教师学习的态度，去了解教师在教学工作中的真实情况。发现好的典型，推广好的教学经验，发现教学工作上存在的问题，以谦虚、平和的心态和平等的方式跟教师谈心，提出改进教学的建议，使教师们心悦诚服地接受我的指导和建议，表示努力改进教学和提高教学水平。同时注重鼓励教师特别是青年教师要勇于创新、勇于探索，把教学改革成果应用于课堂教学中，树立新型人才培养观，注重对学生综合素质的培养，在课堂教学中发扬个性，形成特色与风格。由此笔者和出版印刷与艺术设计学院一批年轻老师，如季泓一、曾台英、范定西等结成良好的互动关系。

总之，在教学督导工作中，要"寓导于督，督导结合，以督促导，以导为主"，在"导"字上下功夫，努力达到督导的最佳效果。督导者与被督导者之间的关系应是和谐、宽容、平等、合作、信任的关系，要注重督导工作的方式、方法，在具体工作中要做到：督要到位，评要公正，导要启发，帮而不乱。对缺点与不足要满腔热忱地耐心指导，促其改进，做到"爱"字当头，严格要求，循循善诱。表扬宜公开宣传，大张旗鼓；批评则宜个别交谈，注意呵护对方的自尊心。努力做到督导工作最优化。

三、正确解构督导过程中的角色定位

在教学督导过程中，"听"和"被听"目的性是一致的，以教师的发展和提高为本，促进他们专业的成长和发展。督导组织虽是非权力组织，但在工作中都行使着一定的权力。督导员由离

退休教师与管理干部担任,对广大教师而言,是同道、同仁、朋友、战友似的亲密关系,而非居高临下的"教学警察"。在一定意义上可以说督导员不仅应为师生服务,而且要做到"先当学生后当先生"。督导员以学生的身份往往更能够取得督导对象的信任,拉近与督导对象的距离,进而做他们的良师益友,以真情传递互动,以诚信建立沟通,这实际上正是中国传统文化在教学督导工作中的具体体现。获取高质量的督导结论固然重要,但取得督导对象对督导结论的认同也同样不能忽视。教学督导工作应帮助教师们认识到自己的教学是需要改进和提高的,教学督导专家和教师在教学督导过程中目的的一致性,是教学督导工作发挥其积极作用的基础。因为督导的终极目的不在于形成结论,而在于用结论去影响督导对象,进而使督导对象自觉执行结论中的意见,认真改进工作。从这个意义上讲,督导者是为被督导对象服务的。例如,出版印刷与艺术设计学院,青年讲师范定西在讲授《营销经济学》的课时,从理论到理论空洞而乏味,学生听课情绪也是昏昏欲睡,笔者课后和和范老师一起探讨,讲课不能从理论到理论,一定要有案例支撑理论,实行案例教学,现在范老师的营销经济学课有理论有实践案例,教学效果深受学生的欢迎。实践表明,只有充分发挥教师的主动性和自觉性,才能保证教学督导的工作中心,实现教学督导和教师为提高教学质量而共同努力局面。

同时,督导员在工作中要虚心向受评教师学习许多非本专业的知识、新的教学理念、教学方法、优秀的教学风格与经验,学会受到众多优秀教师先进事迹的教育和鼓舞而感到受益匪浅,扩大了知识面、丰富了教学经验,成为一个与时俱进教育教学观念永不落伍的合格的督导员。

合格教学督导员在教学督导中不仅需要正确处理和把握以

上几种关系,同时必须具备以下几种能力:

第一,教学督导必须有较强的交流和沟通能力。

质量监控重要的载体就是交流,交流活动主要包括:沟通、信息传递、业务引导等内容。其一,教学督导员和教师的沟通。沟通是开展教学督导活动的最基本方式,也是工作的前提,要摒弃去监督、去检查、去考察的心态,在评教中以同行的身份出现,尊师重教,平等待人,与人为善,以谈心的方式、商讨的方法,以共同研究切磋的精神,做到启发点化、引导激励改革教学,使教师心悦诚服地接受意见。其二,教学督导员和学校职能部门沟通和交流。沟通与交流是搞好教学督导工作的前提。教学督导团是相对独立于其他教学行政管理职能部门,比较超脱的专家咨询性组织,是教学质量管理系统中一个非行政权威的监督组织。教学督导成员必须做好与学校行政职能部门交流和沟通,有利于彼此之间的了解和合作。才能更好地发挥参谋和顾问的作用,以体现它的权威性。其三,教学督导员还要深入到学生当中,了解学生的学习情况和效果,通过学生的学习情况来了解教师的教学情况,做到从教和学两方面来整体把握教学督导工作。这样就可以减少和避免教学督导工作中的片面性和失误。所以,教育督导行为所产生的是一种间接行政作用,督导人员应具有较强的调查研究、协调沟通的才能。

第二,教学督导必须具备丰富的教学经验是做好督导工作的定力。

把自身的教学经验毫无保留地传授给年青教师,也利于从任课教师的角度发现问题,众所周知,学校青年教师的教学状况一直是学校领导普遍关注的热点,尽管学校组织了类似青年教师教学基本功竞赛活动,但他们对教学常规、教学方法等方面的认识与了解仍需一定的过程。针对这种情况,学校督导应有计划地对青年教师的教学工作进行考察,通过听课、研讨、交换意见等方式,把自身的教学经验毫无保留地传授给年青教师。对每名教师进行科学的教学评价,提出解决问题的建议和方法。通过言教身教的督导过程,既可充分发挥教学评价的作用,也对青年教师的成长大有裨益。言教和身教讲的是督导人员自身必须具备一定的"内功",同时具备做好工作的高度、角度、气度,这就要求教育督导人员应具有较高的素质水平,在德、识、才、学等方面比较突出,只有这样,才能胜任"指导角色"。

第三,教学督导以相对客观中立的视角应对督导工作,要有张力。

我们不应把教学督导的作用仅局限在监督、帮助和指导的层面上,还应看到教学督导所能发挥的更为重要的功能——对教师群体和学校管理者群体的双向问责。教学督导成员应该跳出教师本位或行政管理者本位,以相对客观中立的视角,观察学校教学改革及运转中存在的问题和取得的成绩,成为学校管理者和教师群体之间沟通的桥梁。对职能部门而言,督导委代表校领导的意志,具有一定的权威性与指导性,应当尊重与支持;当然,督导工作的开展也离不开各职能部门的支持与帮助,应当依托与信赖。即所谓督导不领导,分立不分家,到位不越位,配合不代替,建议不决策,反馈不决定,督促不包办的工作原则。这就要求督导人员应具有把握全局、综合运筹和具体指导工作的才能。

上海理工大学教务处把教学督导工作纳入教学质量保障体系,赋予教学督导工作权威性,就教学督导员个体角色而言,如何保证教学督导工作权威性,其一,必须做到教学督导工作对教师教学状况的一种定性的价值判断,保证评价结果的公正客观,增强其代表性和信度权威性,才能发挥教学督导工作权威。其二、上海理工大学教务处对教学督导团已经形成了一整套运作机制和可操作性的规章制度,因此,督导员必须在授权范围内开展工作,明确自己的角色、地位和职责,当好参谋和助手,只有这样充分发挥教学督导工作的作用。

首先,良好的教学督导的工作可以弥补教学管理系统中的薄弱环节。教务部门获得教学信息的渠道很多,教学督导是最重、最具体的通道。通过这一通道,不仅可以直接获得真实丰富的第一手信息资料,而且还能能动地传递经过筛选的信息,为教学决策系统提供全面可靠的情报,为领导的教学决策提供依据;再者,决策、计划确定之后,检查执行情况就成为实现领导决策过程的主要环节,而教学督导在这个环节上又能发挥重要作用,指导院系准确而富有成效地实施决策和计划。由此可见,教学督导工作正是整个教学管理系统的基本组成部分,是实现科学管理不可或缺的重要环节。建立教学督导制度,重视教学督导工作可以弥补教学管理上的薄弱环节,有利于总结经验,指导工作,提高院系领导水平。

其次,良好的教学督导的工作有利于总结经验,指导工作,提高整体的教学管理水平。上海理工大学教务处通过各种工作会议和下达文件指导工作,但解决的多是带有普遍性、共性的问题,而各个院系情况不同,有其各自的条件和特点,需要具体对待,具体解决。因此,上海理工大学教务处领导经常参加教学督导会议,传达有关的文件精神,倾听教学督导人员有关学院教学情况的汇报,其目的就是通过运用个性中带有共性的经验教训,指导全面的工作,实现指导工作的个性与共性的统一。教学督导员坚持实事求是的原则,对教学中存在的问题和困难,及时与教师交流,与管理部门沟通,共同研究改进和提高教学质量、改善教学环境的措施,帮助其总结成绩、推广经验,倡导良好的教风,促使教师端正教学态度,熟悉教学业务,规范教学过程,改进教学方法,培养教学能力,提高教学水平,起到指导的作用,达到整体提升教学质量的预期效果。

再次,良好的教学督导的工作有利于改善教学管理环境,提高教学管理效率。良好的教学管理氛围是提高教学管理效率重要前提。教学督导的基本内容,是教育全过程的各个主要方面,可概括为"督教"、"督学"和"督管"。就"督管"而言,是指对育人环境的管理进行督导,对教学管理进行检查、监督和评价。其主要内容是,检查评议育人管理工作的质量,根据督教和督学所反馈的意见,经过汇总、分析和整理,向有关部门提出改进管理工作的建议、改革方案和措施,不断提高管理工作的质量和水平,因此,各院系对学校教学督导人员存在某种戒备心理。容易被认为教学督导人员是专门来挑各院系毛病的。教学督导人员应耐心地加以引导,减轻各院系的思想压力,明确教学督导工作的真正目的,同时也应注意工作方法,从实际出发创造性地贯彻执行方针政策,不能以感情代替政策,说话要有分寸,结论要有理有据、恰如其分,使各院系通过与教学督导人员诚心诚意合作,全面提升教学管理水平,从而带动教学和教研水平的提高。因此,建立健全教学督导制度,重视教学督导工作,才能及时了解下情,使决策科学化,做到上情下达迅速,上下渠道通畅,解决问题准确,推动工作有力。促使育人管理向高标准、高质量管理迈进,提高管理效率。

高校教学质量的提高是一个永无止境的课题,教学督导工作只要完善制度,找准定位,督导人员自身角色定位准确,工作方法得当,就一定能在提高我校教学质量和深化教学改革方面发挥其应有的促进作用。

参考文献

1. 段先华.高等学校教学督导体系与运行机制的研究[J].中国大学教学,2005.
2. 戴志明.建立健全教学督导体系的研究与实践[J].云南农业教育研究,2004.
3. 廖舸.关于高校教学督导制度的探讨[J].中国冶金教育,2005(5).
4. 徐铁军.谈高等院校教学督导工作的作用.
5. 曹德品."三督一体多方位"教学督导模式[J].中国高等医学教育,2005.
6. 韦巧燕.普通高校建立教学督导机制探析[J].广西工学院学报,2005.

要有计划地培养和使用青年教师

◎ 朱自强

近几年来,随着学校办学规模的不断扩大,学生数量的成倍增长,一批老教师相继退休,教学与科研重担义不容辞落到了中青年教师肩上。经过历年来的努力,一批中年教师已脱颖而出,成为教学与科研的骨干,不少教师已担当起学科带头人的重任,在本科生教学、研究生培养、学科建设、课题研究诸方面,为学校做出了杰出的贡献。此外,学校还陆续引进了一批青年教师,他们刚从学校出来,年轻有为,充满活力,一般都具有硕士以上的学历,有较扎实的基础理论与专业知识,由于工作的需要,来校不久就走上了教学、科研的第一线,承担起繁重的教学与科研任务。尽管他们工作上都很勤奋努力,甚至十分投入,由于缺乏教学经验和社会实践,有的收效不尽人意,教学质量、教学水平有待提高。

一、青年教师是教师队伍的一个重要组成部分,是学校事业发展的希望

有计划地培养青年教师,努力提高青年教师的思想业务素质,使之尽快地成为学校师资队伍的骨干力量,是教师队伍建设中的一项重要而又紧迫的任务,学校领导应把此项工作视作一

项重点工程来抓,把青年教师培养与管理纳入工作的重要议事日程。各学院、研究室、教研室要制定青年教师培养规划,落实培养措施。中、老年教师要更多地关心、爱护和扶持青年教师,青年教师要进一步增强时代责任感和历史使命感,从严要求、高标准促进自己尽快成熟起来。

培养青年教师不能急功近利,刚来校就安排教学任务上讲台,有的还不止上一门课,有的理工科毕业的教师却分配上偏文的课,导致有些教师来不及写备课笔记,上课照本宣科,或把讲稿制成 ppt,对着屏幕念讲稿,讲课平铺直叙,从概念到概念,理论脱离实际,难点、重点不突出,也不知板书需设计,写到那里是那里,更谈不上如何运用启发式教学,结合案例,提出问题、分析问题、解决问题,展开有益的讨论,进行师生互动等等,这样的课显然不受学生欢迎,课堂上窃窃私语声不绝,玩手机的、看小说杂志的、听广播的、睡觉的、吃东西的、做作业的形形色色无奇不有,长此以往教学质量怎能得到保证,青年教师如何成才?还贻误了大批青年学子的前程。

二、青年教师培养建议实行导师制

青年教师一定要先培养后使用,或边培养边使用,实行导师制,有计划、有要求、有指导地进行培养。由学院、教研室或研究室对青年教师的教学、科研和进修做出具体安排,确定专业方向,指派学术水平高、教学经验丰富的中、老年教师担任指导教师,指导青年教师的备课、上课以及科研工作,帮助青年教师尽早通过教学关,提高科研能力。

要迅速提高青年教师的课堂教学质量,仅靠每个教师的主观努力是远远不够的,要充分地发挥集体的力量,运用办学几十年来所结累的成功经验,培育青年教师。教学需要研讨这是多年来行之有效的宝贵经验,要定期、定内容雷打不动地执行,对一些基础课或专业基础课,建议开展教学小组集体备课的方式,先各个教师充分准备的基础上,在老教师的带领下,紧扣基本概念、基本理论、基本方法展开有益的教学研讨,课上如何精选案例,如何提出问题、分析问题、解决问题;如何进行启发式教学、师生互动;如何进行板书设计,如何恰到好处地设计和运用多媒体教学方案等,大家可抛砖引玉、畅所欲言,相互取长补短,最后吸取众长,提取出一套高质量的教案。这种集体备课方式无疑可大幅度地提高和保证教学质量,从中启迪和培养青年教师应怎样备好课和上好课。

三、组织青年教师多参与教学和教研活动

学校和各学院可经常组织观摩教学活动,请一些教学经验丰富的中老年教师、教学效果好的青年教师进行公开教学,邀请中青年教师前往观摩,课后组织讨论,上课教师可介绍本次课的准备情况,教学的目的要求,重点、难点的处理,教学手段的运用以及所取得的经验与教训等,其他教师可各抒己见,这次课哪些是成功的,哪些地方还存在不足,这种通过观摩和相互交流的研讨方式,对青年教师的启发和帮助很大。我校管理学院曾多次组织观摩教学活动,在这方面已尝到了甜头。

环绕青年教师的培养工作,学校还可开展诸如评选青年教师教书育人奖活动、举办青年教师学术成果交流会或论文报告会,活跃学术气氛,促进学术交流。设立青年教师教研、科研基金,支持青年教师发表教研文章和教学科研立题。选派优秀青年教师到国内外进修深造、破格晋升青年教师职称等。

目前,我校的机械设计制造及自动化、印刷工程、光电信息工程、热能与动力工程、材料科学与工程、医疗器械工程六个专

业已列入教育部和上海市卓越工程教育试点单位,尝试校企联合培养人才的新模式,强化学生以设计和创新能力为标志的工程实践能力。对上述专业的青年教师的培养提出了新的更高的要求,要在"学以致用"上下苦功,要在"设计和创新"上积极探索,学校要为他们创造相应的工作和学习环境,尽快地提高他们科研能力和技术水平,及早投入到崭新的卓越工程教育试点的战斗中去,实现几代人梦寐以求的"梦"。

几年来随着学校规模的迅速发展,师资队伍的缺编现象也日趋加剧,这也是导致新教师一到校未经培养就要上讲台的根本原因,按实际需求加速招聘新教师的重任应提到议事日程了,建议招聘对象不一定局限于海归范围,国内各专业的优秀博士毕业生也大有人在,要注重吸收确有培养前途能立志一辈子献身于高教事业的人才,除了个人履历外,更要把握好试讲这一关,此项工作迫不及待。此外,对教师的教学与科研的工作量也要有一个合理科学的安排,可作为一个课题来研究,好不容易引进的优秀人才,要充分发挥他们的才能,为学校的发展作出贡献。

我校教师任课资格认定及管理规定条例已制订发表多年,我们殷切地期望学校能不折不扣地按条例精神,有计划、有步骤地来培养和使用青年教师,使这支队伍能迅速成长起来,为提高我校本科教学质量作出巨大贡献。

三个教学问题的认识与体会

◎ 卫敬明

十年的督导经历让我接触了一批又一批的中青年教师,在我与他们的交往中给了我不少的快乐,也有部分忧虑。快乐我自己留着,成了我充实的退休生活的一部分。忧虑部分,我则挑选了三个方面,整理一下拿出来跟大家共同探讨,作为关心教改的一个实际行动吧。社会的发展让我们这些老一代教师的想法跟不上新的教学形势,想法是否正确,仅供参考了。下面就感触较多的三个问题:多媒体的应用,教材与学时数之间的矛盾,毕业设计现状,作一些简述和讨论。

一、多媒体的应用

多媒体是把双刃剑,合理应用和过度依赖会产生两种完全不同的结果。在当前的教学中,多媒体几乎成为众多教师应用得十分自如的一个教学工具了,它代替了大部分的板书,但在应用得体方面却还是存在着较大的差距。对一个备课认真、课堂内容掌握熟练、充分的老师,对多媒体通常不会过分依赖,由于他备课充分、内容掌握熟练,他必然对本课程所要讲述内容有一个清晰的思路,并会根据他所理解和掌握的思路循序渐进、熟练的使用版书、逐步展开的讲述,这时多媒体只是一种教学的辅助手段，帮助他把课程中需要讲到的复杂结构、原理图、试验图表或课程要点等，在需要时用PPT——列出，这就可以省去很多画图的辅助时间，把主要精力用于清晰的讲课上。这样的老师通常能做到脱稿讲课，并且讲解时生动清晰、要点明确、学生易于理解和掌握，这样学生听课就有兴趣，课堂纪律也好。但对另一部分教师，如由于备课不够充分、自身对课程内容尚未掌握吃透，或觉得靠一本教材就能讲好一门课程的教师，这时多媒体就成了他们上课依赖的靠山，整节课面对电脑，一页页翻看PPT，直接叙谈着那些在屏幕上显示的内容。他们做不到脱稿讲课，既没有明确的思路，也没有生动的例子，这时多媒体就成了阻扰学生正确理解和掌握讲课内容的杀手。由于同学听课时思路跟不上、听不懂、不能掌握要领，听得稀里糊涂、昏昏欲睡，结果便出现"你讲你的、我做我的"局面。听不懂，不听也罢，反正到了学期终了，一个U盘，一切都可以OK了，这就是过度依赖多媒体的结果。由于教师缺失了引导这一重要作用，这样的讲课方式，跟学生自己看书又有什么区别？

  另外，应用PPT时，最忌的是无交待的直接切入主题。例如教师在讲解一个图表或试验曲线时，由于不是当场绘制，PPT一下打出，就显示不出制作程序，这时教师不要忙于讲结果，应该先交待这是什么图或试验曲线，它是在什么特定条件下制作的（引出坐标），要反映是哪些参数之间的关系（或主从关系），从这些曲线变化中又可得出哪些规律和结论。这样一步步引入，同学才会跟着教师的思路慢慢理解。不要一放PPT，直接就提结果，三言两语就结束进入下一页，这时学生连坐标还未来得及看清，你的结论又如何在他的脑海中留下印象呢。因此多媒体只是个辅助手段，课上得好坏，在于教师的引导、形象的展开、清晰的思路。一堂课上得好与坏、成功与否，不全在于你准备的内容有多丰富，而在于你能让学生听明白或掌握多少，重点问题在哪儿，如何来思考、分析和解决这些问题，让学生在这 45 分钟内感到有收获。

二、教材与学时数的矛盾

随着教改不断深入，课时数日益缩短，教材却还是多年不变的老样子，有些教师感到很纠结，不知该如何按照这些内容"过于"丰富的教材来讲课。开设一门课，首先要选择一本合适的教材，但由于教材的编写总是跟不上教改变化的速度，教材编写者从情感上也不大可能越写越薄，于是学时数与教材不匹配的机会越来越多，这对教师的要求就会相应提高，因为教材所涉及的内容已大大超过你所上这门课的内容。其实这个问题不论过去或将来都是存在的，作为教师本来就应该具有这样的浓缩本领，对同一本教材，无论面对多少学时数（如 80、60、30 甚至 1 小时），你都有能力讲解。做到这一点，一句话，就看你课前的准备程度是否充分。开一门新课，提前半年的备课是非常重要的，你首先要在通读这本教材的基础上，弄清楚教材中主要涉及的内容是哪些，而课程涉及的重点在教材的哪些章节中，它所涉及或必须掌握的基础或技术基础知识是哪些。只有通过自己前期的全程备课的大量付出，才能悟出此课程的精华所在，知道教材中哪些内容可以舍弃，哪些内容必须掌握，然后写出本课程在新学时下的教学大纲。其实讲好一门课，光凭一本教材是不够的，有些内容在这本教材讲述会含糊不清、不简洁或不易理解时，可翻阅其它参考教材，取其有用部分，引入讲课大纲中。在此基础上，再列出每节课的讲述内容，对每节课的主干内容做到心中有数，对整节课就有了明确的思路，然后就用经过自己提炼过的简洁的语言，引出问题逐步展开并得出结论。这样的老师，往往能做到不受教材内容多少的限制脱稿讲课,思路清晰,讲解流利生动,能引导学生理解和掌握重点,这样的课,因为有吸引力,学生就愿意听。有的教师,因为备课不充分,做不到心中有数,只能按书本内容复制的PPT念,内容没有拓展,表面看来内容十分丰富详实、面面俱到,学生就是不愿意听,因为听不懂,还不如自己看书。总之,教师讲课的最终目的是为了让学生掌握提出问题、思考问题和解决问题的方法。每个教师各有自己不同的讲课风格,每门课都有自己不同的内容,但最终要达到的目的都是一致的。

应该肯定的是,这几年年轻教师的进步较大,有的还相当出色,他们中的大部分正在朝着怎样上好课这个方向不断努力着。

三、关于毕业设计

对于工科院校,毕业设计是一个相当重要的教学环节。它是检验学生能否应用多年来的学习成果进行分析和解决问题的能力,并最终对自己的工作成果进行书面总结和口头汇报。这是一次真正的综合能力的培养和考验,能否踏实完成,将对学生今后的工作和发展一生受益。具体地说,毕业设计应该是包含三个环节。

第一个环节从确定毕业设计题目到完成题目内容,是大学生必须要做的全部工作,是大学生在参加工作前的第一次工作实践,是毕业设计的主要部分。它是在老师指导下进行的,因此,他可以在这个过程中学习到开展一项科研工作的整个流程。从接受题目到查阅资料、了解课题性质、目前动态、同行间的工作成果等,然后在此基础上,找出你可以参与的部分,为完成目标要进行和完成哪些工作。毕业设计的题目类型很多,有设计型、实践型、实验型及科研储备型(即仅是搜集资料、归类、分析等)。目前情况是:(1)毕业设计时间实际上在缩短;(2)由于学生扩招,使一名教师所指导的学生的数量在增加(有的教研室更突出);(3)教师本身的课题数目有限。其结果使毕业设计课题的类型发生了变化,设计型或实验型内容正在缩减,分析类、搜集资料类在增加,后者的课题性质决定了学生接受全面训练的机会在减少。

第二个重要环节是论文的撰写,它包括论文的主体部分和摘要部分,这部分工作可以反映出学生对自己工作的熟知程度,思路清晰与否及书面组织和文字表达能力。表面上看目前论文的规范化在进步,图表和文字打印格式越来越漂亮,页数也达到要求。但实质性的内容正在不断缺失,前沿介绍部分占据大量篇幅,自己的工作成果、分析和结论则相应见少,抄袭现象较严重,同音字、标点符号使用不当。尤其是500字的摘要,如何书写无所适从,词不达意或文不对题的情况不少。摘要的写法也应是毕业设计的重要环节之一,让学生学会如何用简略的语言,清晰表达出你三个月来工作内容的背景、性质、成果等,让别人花很少时间就可了解你的工作。这也是一种能力的锻炼,不能草率行事。

第三个重要环节是答辩,如何将自己的工作成果在有限的时间内向别人给予清晰的介绍,这就要求学生对课题工作有清晰的认识和明确的思路。通过合理的组织,用通俗的语言作简略而有重点的介绍,这是一种表达能力的培养,也是向别人推销自己、介绍自己的过程,因此也是不可缺少的重要的培养环节之一。很可惜,除了大组答辩外,不少的小组答辩不重视这些,而是匆匆地草率走过场。

毕业设计不仅是对学生一种综合能力的培养,也是大学生在参加工作前的第一次工作实践,他学到的正是一份从事科研工作的整个流程。毕业设计也是一项十分具体的工作,学生只有通过这些具体和琐碎的工作,才会有累积和体验。经验就是靠累积的,要从无数次实际工作中累积。有了这些累积,人才慢慢长大,逐步走向成熟。而毕业设计恰恰是我们从学校走向社会前的第一次踏踏实实的"工作",是在有人指导下的工作经验的培养。所以这项工作做得好坏,无论对哪个专业的学生今后的人生都将有重大的意义。因此毕业设计应该是大学教学中相当重要的教学环节。

无奈的是,在目前的教改现状中,从纵向看,对毕业设计这一环节的重视程度正在被削弱,原因很多,这既不能怪老师,也不能怪学生,谁不想学好些、学多些?但不知为什么,教改到目前,毕业设计越来越难搞好,越来越流于形式。从横向看,毕业设计的两极化在加剧,那些优秀学生或已考进研究生的,今后研究方向已明确,他们就会选择有针对性方向的题目,认认真真地做,做出漂亮的PPT,进行流利而自信的讲解,充分显示出这些学生的良好的综合能力。但有相当部分的学生,为找工作、参与实习,他们即使想做好毕业设计,也没有足够的时间保证。有的是找路子、开后门,甚至乘机玩乐。这样的学生,毕业设计敷衍程度已达到了惊人的程度。教师也奈何不得,无法扭转,照样给予及格。其结果是后患无穷。

最后要说的一点是,教学是有一定规律的,重视和了解这一规律,对所有参与教育工作的人都很重要。这个规律要在教学实践中慢慢体会的。如果教改不遵循教学规律和教学特点,不能安下心来认真总结、分析,一味追求形式的变动,即使不断增加投资,教师还是会继续"无所适从",甚至"力不从心"。教学质量不保证,学生听课老是处于"云里雾里"听不懂状态,大量学习时间被浪费。这样一直延续的话,大学教学带给学生的是正面多还是负面多，值得我们教育工作者反思。社会上，现在学生出国年龄越来越小，父母为子女投入越来越多，经济包袱愈背愈重。这不正表明国内学生对国内大学本科教学愈来愈缺失信心的一种表现吗？

大学本应是一个"诚信"的教学场所，中国的教学改革是到了应该充分自检、分析成败、寻找原因的时候。不要让腐败和浮夸之风在学校里继续蔓延，要加强踏实做人、踏实做事的诚信教育、良好的道德和素质教育，加强学生自我管理能力等。人才教育是立国的根本，只有这样才能培养出真正的为国为民的有用人才。

坚持改革，
将外语教学上一个新台阶

◎ 沈伟栋

改革开放以来，我校外语教学取得了迅速、持续的进步。经过校内几轮改革，面貌不断更新。以督导的视角，就课堂教学而论，改革开放前，语法、翻译法一统天下的局面已成为历史；20世纪90年代初，以通过四、六级为主要目标的应试教学的思维已明显改变；单一的教学体系和模式（两年基础＋一年专业英语）已基本结束。如今，培养学生的语言能力、交际能力、综合应用能力乃至自主创新能力为目标已成为全体老师的共识。全院正努力建构具有我校特色，以学生为本，适合个性发展的、科学的教学体系。实践证明，改革是提高外语教学水平的必要和有效途径。

一、新世纪的第一轮改革

继20世纪八九十年代外语教学改革后，新世纪初，教学部高教司启动了新的一轮改革工程。从2002年起，经历了酝酿，实施，试点到全面推广，于2007年确立了大学英语的改革目标——"培养学生的语言综合应用能力，特别是听说能力，使他们在今后学习、工作和社会交往中能用英语有效地进行交际，同时增强其自主学习能力，提高综合文化素养，以适应我国社会发展和国际交流的需要。"

借着全国新一轮改革的东风,我校又是首批180所教改试点高校之一,因此大学英语开始本世纪第一轮的改革热潮。其措施我认为可概括为以下四个方面:

(1) 更新教学理念。把教学目标真正转变到培养学生的综合应用能力上,加强学生的英语交际能力,把文化素质教育贯穿到课堂教学中去,真正做到以学生为本,将学生作为课堂中心,充分调动他们学习主动性和能动性,最大限度挖掘每一名学生的潜能。

(2) 采用现代化教学模式,进行分层级教学。学习总学时相同,但学生起点不同,终点要求不同。根据不同的教学要求,不同类别学生,不同课程模块,采用相应教材。

(3) 开始多媒体环境下的外语教学。教师根据本班情况制作课件,采用适合本班学生学习风格的个性化多媒体。

(4) 开始采取课堂授课+网络自主学习教学模式,开始建立大学英语网络自习室,和网络教学平台。

在这一轮改革的推动下,大学英语教学面貌有明显变化。从我们督导听课的情况看,我们欣喜地发现:

(1) 教师一本书,一支粉笔,一讲到底的现象消失了。课堂上仅讲语法、词汇、或难句的模式改变了。教师开始有效使用多媒体和网络资源生动展示与教材相关的延伸内容,根据教学任务及教学目标,在选择和设计教学软件课件制作上下功夫,在有限的时间内,努力实现大容量、多信息、多趣味的教学,提高了课堂效率。

(2) 学生参与度大为增加。大部分学生能认真按教师要求做出 oral presentation,逐步习惯课堂讨论、角色表演和游戏等活动。课堂上争相回答问题和主动提问的也日益增多。

(3) 学生的语言应用能力，尤其口语能力有明显提高。有的学生能较自由地连续地用英语讲述。

(4) 教研室陆续开出新的选修课，受到学生们的欢迎。有助于提高学生的语言能力，开阔视野，增长知识，提高素质。

二、21世纪的第二轮改革启动

十年过去了。时光来到了2011年。国内外教育形势发生了新的变化。学校制定了"十二五"规划，提出了培养"卓越工程人才"与"创新型人才"的重要理念。根据学校这一新要求，外语教学必须与时俱进，本着"服务全校卓越工程人才培养"要求，外语学院启动了本世纪第二轮改革。具体有以下几个方面：

1. 教学梯队的成立

经过2010年的酝酿，2011年试运行，今年（2012）全院正式确立梯队建制。过去外语学院是英语专业、大学英语、研究生公共英语三足鼎立，各自为政，现在全院成立八个梯队。全体教师全部进入梯队，以梯队为单位进行教学科研活动，工会小组和党支部也以梯队为单位组建。现在全院共有八个教学梯队，分别是：

公共英语技能梯队（负责全校非英语专业学生的英语技能类课程；包括研究生）；

英语专业技能梯队（负责英语专业本科生、二专业及管理学院中美合作班的英语技能类课程）

英语科技翻译梯队（负责全校学生的英语科技翻译类课程；包括研究生）；

英语语言文化梯队（负责全校学生的英语语言学、文学及文化类课程；包括研究生）；

英语商务经贸梯队(负责全校学生的英语商务经贸类课程;包括研究生);

日语梯队(负责全校学生的日语课程);

德语梯队(负责全校学生的德语课程);

综合语言梯队(负责全校学生的大学语文及非日语、德语小语种课程);

其中第1、3、4、5梯队所开课程与大学英语有关。

梯队为全校开设相关课程。梯队负责人由教师公选,学院教师自由申报某一梯队。梯队队长与成员双向选择。因此,这种机制打破原来系部之间的壁垒,搭建教学科研梯队。根据各个梯队的特点下达教学科研任务和政策、经费支持。其优越性为:

(1) 以梯队为单位开展教学科研活动,集体备课,互相听课,以老带新。互补互学,可全面提升学校外语课堂教学质量。

(2) 有效整合教师资源,充分发挥各个教师的特长,充分调动他们的积极性。

(3) 使教改项目申报热情高涨,申报成功项目的数量和质量较往年有大幅度提高。科研水平也获得提高。

今年,我们督导团听过高军团队的翻译课程。该团队由高军教授负责,他们着手教学改革。在教学内容上,加强了逻辑训练;在教学形式上,以学生自己操练为主,课外学生找资料,直接翻译,并且提出自己的见解。所以,上课时学生积极性很高,教学效果很好。

2. 大学英语教学改革

(1) 分层次递进式的教学模式。上海理工大学是教育部"第二批卓越工程人才培养"入选院校,以培养高水平的工程人才为主要教学任务。外语学院定位为"卓越工程服务型学院"。为配合学校"卓越工程人才教育",外语学院在今年进行了全方位的大学英语教学改革。除了在2010级学生中增加了很多应用型选修课程以外,全面调整了2011级培养计划。大学英语课程分 I(基础阶段)和 II(拓展阶段)两个课程组。新生入学时进行英语分级考试,根据成绩修读"大学英语(1)"、"大学英语(2)"或"大学英语(3)";(艺术类学生根据成绩修读"大学英语预备(1)"、"大学英语预备(2)"、"大学英语(1)"、"大学英语(2)"或"大学英语(3)"。)成绩优秀的同学可以在这一阶段跳级别修读。

　　拓展阶段课程组 II 分为 A(语言技能)、B(科技翻译)、C(文学文化)和 D(商务经贸)四个方向,每个课程组开设至少一门听说类高端课程,学生修完课程组 I 后选择课程组 II 的一个方向学习。这部分课程的设置既反映了我校理工科学生的总体培养要求,实现了大学英语专业化培养思路,又给了学生自主发展的空间。而且每个课程组开设的听说类高端课程使学生能真正学以致用,增加就业竞争力。

　　从表1中看出,学生在完成基础阶段学习后,可选择"语言技能"、"科技翻译"、"商务经贸"和"文学文化"四个课程组,包括多门实用性课程。学生可以根据本专业背景和兴趣爱好自由选择,充分实现了个性化教学服务。

　　分层递进式大学英语教学模式采用"以学生为中心"的教学理念,该教学模式为不同语言能力层次和不同学习需求的学生提供了不同的语言学习平台,从根本上激发了学生的学习动力,从而取得良好的教学效果。利用拓展阶段的学习,他们选择自己感兴趣的课程,在"语言技能"、"科技翻译"、"商务经贸"、"文学文化"等领域取得了个性化的发展。

表 1　　　　　　2012 级通识教育课程(英语类)

		课程代码	课程名称	学分	总学时	考核方式	建议修读学期	可修读学期	学分要求	备注
英语类	Ⅰ组	15002150	大学英语预备(1)	4	64	考试	1	1—4	6	
		15002160	大学英语预备(2)	4	64	考试	1/2	1—4		
		15002110	大学英语(1)	4	64	考试	1	1—4		
		15002120	大学英语(2)	4	64	考试	1/2	1—4		
		15002130	大学英语(3)	4	64	考试	1/2/3	1—6		
		新开课	交互综合英语	2	32	考试	2/3/4	1—6		
	Ⅱ组 A	15003550	高级英语	4	64	考查	3	3—7	8	注2
		15003690	中级英语口笔译	4	64	考查	3	3—7		
		15003650	实用英语视听说	4	64	考查	3	3—7		
		15003610	高级英语口语与演讲	4	64	考查	3	3—7		
	B	15003630	科技英语阅读	4	64	考查	3	3—7		
		15003111	中级科技英语笔译A	4	64	考查	4	3—7		
		15003120	中级科技英语口译	4	64	考查	4	3—7		
	C	15001521	英语报刊选读A	4	64	考查	3	3—7		
		15003081	英美文学选读A	4	64	考查	3	3—7		
		1500xxxx	英美文化选读	4	64	考查	3	3—7		
	D	15003640	实用商务英语	4	64	考查	3	3—7		
		15003660	新传媒英语	4	64	考查	4	3—7		
		15002311	商务英语谈判A	4	64	考查	4	3—7		

近几年来，外语学院陆续开出来不少选修课程。从我们督导听课情况来看，凡课程比较实用，理论联系实际，或与专业相关度大的，较受学生欢迎。如口语类课程，因为口语是学生几项

67

技能中的薄弱环节,又是今后社会交往中十分需要,因此学生兴趣较大。在我们听的交际口语课中,当学到如何进行求职面试,介绍自己,如何考虑职业选择时,学生"有话要讲",也"有话能讲",课堂气氛活跃,学生参与程度强。反之则不然。因此"拓展模块"今后仍有一个不断增补和取舍过程。

(2) 更有效利用多媒体技术。多媒体技术教学主要是将英语课本知识以课件的形式再现,但这种再现不是简单的重复与复制,而是以文字、图画、摄像、动画、音频和视频等形式,把原来课本中抽象、静态的学习内容转化成生动形象的、直观可感知的、动态的学习内容。这种立体化的再现,既源于原有课本的基础知识,又超越了原有知识的表现形式,是教师的第二教材,是学生的第二课本。学生们认为信息技术让书本上枯燥无味的知识"活"起来了。因此,多媒体技术开创了立体化教学,激发了学生学习兴趣;媒体技术开创了互动式教学,提高了学生学习的积极性;多媒体技术开创了意境化教学,提高了学生学习主动性。

在我们听课中,发现有不少老师在课件制作、教学内容设计、课堂氛围等方面做到与时代相符合、与学习要求相符合、与学生实际相符合,创设更为真实的语言学习环境,较好地将文本、图形、声音、图像、动画等各种媒体手段,结合在一起,课堂气氛热烈,学生兴趣浓厚,教学效果明显。

(3) 课堂授课+网络自主学习教学模式。现代网络发展与使用,为学生提供了更为广阔的学习环境,也为教师把英语课堂教学延伸至课外时段提供了载体。例如在预习阶段,让学生分组上网查阅资料;按照目标管理的教学方法,让学生利用网络资源,协同完成课件制作任务;把课后的口语及写作训练的佳作上传于网上论坛,教师还可以问题设计的教学法,用电子邮件、聊天室、贴吧等网络元素,构建专项平台,为学生释疑解惑,实现师生之间、学生之间与教材之间的信息交往,以此来帮助学困生,激发全体学生的学习兴趣。

外语学院计划为主干课程开设课程网站,一方面使学生更好地消化课内所学知识,另一方面采取论坛和答疑的方式与学生积极互动,帮助他们进行拓展学习。

规划建设"外语自主学习中心"。该中心包含：1) 基本技能训练室及自主学习平台,2) 多媒体资料室及案例教室,3) 复合能力培训中心三大模块,并辅以可视化教学质量管理中心。第一模块主要负责学生听、说、读、写等基本外语技能的课内训练和课后自主学习,为即将进行的工程领域专门翻译技能训练提供坚实的基础。第二模块主要负责学生提高外语水平所必须进行的针对性技能训练及相关多媒体资料的查阅和借阅,使学生对先进国家在科学技术知识的走向有感性认识和了解。第三模块主要负责整合学生的工程专业知识和外语能力,培养学生成为具有国际视野及现场笔译、口译和谈判等能力的复合型人才。"可视化教学质量管理中心"通过数字化网络录制系统,对上述三大模块进行管理和监督,并进行同步录制,以充实现场授课、课外自主学习和教学科研所必备的资料储备。对这一计划我们希望尽快落实,实施更有效的监管和管理。

确实,通过网络学英语将成为未来学英语的一条极具潜力的重要途径,将网络应用于英语教学亦是未来世界英语学习的必然趋势。老师们引导学生进行网上资料查询就是实施"构建知识、提高技能、磨砺意志、活跃思维、展现个性、发展心智和拓展视野"的一种极为有效的学习方式。不少老师要求学生课前、课后上网查找信息,制作课件,并在课堂上表述,提高了学生的学习自主性,主观能动性和创造性思维。而教师进行网上批阅,解惑,架设释疑平台,也更加增加了教师与学生的互动,更加个性化的解决问题。

三、对于未来的几点思考

(1) 上海理工大学是在原沪江大学旧址上建立起来的。沪江大学原是教会学校。其办学特色之一是学生外语水平较高。那么上海理工大学能否继承这一特色？培养的学生能否在社会上有"外语水平不错"的美誉呢？

(2) 能否建立一个由校长、教务处、外语学院、各学院和督导组成的校级的"外语教学指导小组"来统一研究指导我校的外语教学问题。

(3) 外语学院成立梯队,其目的之一是整合全院的师资资源,充分发挥所有教师的特长和积极性。那么我们学校能否整合全校的师资力量,把基础外语、专业外语和双语教学的队伍重新整合,统一指挥。随着海归教师的日益增多,非英语专业教师英语水平的提高,完全可以让他们在外语教学中也发挥积极作用。

(4) 大力推广优秀教学法,尤其在多媒体技术,课件制作等方面的先进经验。

(5) 网络教学将成为未来学英语的一条极具潜力的重要途径,将网络应用于英语教学亦是未来世界英语学习的必然趋势。所以我们要跟上这一发展步伐,在硬件配备和软件开发上下功夫。

(6) "拓展课程"必须不断调查研究,与时俱进,定时增补,淘汰,吐故纳新。

(7) 大力提高教学质量,完成教学质量规范,落实并完善教师奖励机制。

四、结束语

几十年的外语教学实践证明：坚持不断改革是提高我们外语教学水平的必由之路。随着国内外形势的新发展，中小学学生外语水平迅速提高，大学外语教学也必须不断进行调整。

当前大学外语教学改革必须和学校"卓越工程师教育"、"信息化"、"国际化"的整体发展战略相结合，服务于"培养具有国际视野的、个性化的创新创业人才"的目标，改革才更有意义、把我校外语教学上一个新台阶。

高校双语教学：
内涵、形式及其评价

◎ 孙延生

"双语教学"的英文 Bilingual Education，按照原文直译是"双语教育"，其实双语教育乃是一个更加广阔的概念。实施双语教育，不仅仅是第二语言的习得，或许更是一种综合文化素质的习得和人文底蕴的提高，也就是我们常常说的素质教育。所以开展双语教学有其重要性和现实意义。

双语教学提出的背景，不外乎下面的五种需要：21 世纪新型人才的需要；加入 WTO 世界经济一体化的需要；英语教学务求不断提高的需要；现代 internet 网络信息技术的需要；现代教育理会和素质教学的需要。

一、高校双语教学的概念内涵

我国教育部在 2001 年 9 月颁布了《关于加强高等学校本科教学工作提高教学素质的若干意见》的 4 号文件，要求全国各高等院校积极推广使用英语等外语专业课教学，以培养高素质、复合型人才，实现我国高等教育的可持续发展。而在国外，早已采用 bilingual education（双语教育）的提法。其中比较权威的定义有：《朗文应用语言学词典》所给的"双语教学"的定义为："The use of a second or foreign language in school for the reading of content subjects",译成汉语,意思是能在学校里使用第二外语或英语进行各门学科的教学。在"双语教育概论"中两位著名专家加拿大的 M. F 麦凯和西班牙的 M. 西格思提出"双语教学"是以两种语言作为教学媒介的系统,且其中一种语言常常是但并不一定是学生的第一语言。这两种定义较恰当地给出了"双语教学"的狭义(前者)和广义(后者)的定义。在不排斥母语的前提下,强调使用外语于学科教育,在学习该学科行进文化科学知识的同时,要学得与学科发展相关的基本专业外语。这个基本点就是双语教学的规定性,此乃是我国高等学校的双语教学区别其他国家双语教学的根本特征,也就是我国高等学校双语教学的本质。用教学语言来促使语言能力发展,这就是双语教学(或教育)的实质。

这里,我们必须强调双语教学的定义。第一,是指使用两种语言作为教学媒介的系统,其中除母语以外的另一种语言不只是作为教学媒介部分或全部地运用到非语言学科中,而且还作为学习对象,要求在教学过程中学生逐渐基本掌握它,同时在教学中要对该学科的不同文化进行比较学习,以获得该学科先进的、系统的文化知识,来进行学科教育的一种教学方法结合。第二,指除了汉语以外,用一种外语作为课堂主要用语进行学科教学,当前在我国绝大部分是使用英语。任课教师还应该利用非语言手段,直观、形象地和帮助学生理解教学内容,以降低或克服学生在英语理解上的难度。第三,就是使用两种不同语言开展学科教育的教学活动,一般来说,是指在使用母语进行部分教学的同时,用非母语进行部分或全部非语言学科教学的教学模式。

二、高校双语教学的主要形式

双语教学主要有三种形式:外语教材,外语授课;外语教材,双语授课；中文教材，外语授课。

就双语教材而言，一般也具有三种形式，那就是：自编教材；国外原版教材；翻译教材。

而双语教学的模式，归纳起来，有以下三种：

沉浸式双语教学，英文的名称为 immersion program。用学生所学外语进行教学，母语不用于教学之中。这一方法是让学生沉浸于弱势语言之中。(The use of a single school language which is not the home language. This is sometimes called an immersion program.)

过渡性双语教学(transitional bilingual education)，学生入学时部分科目或全部科目使用母语教学但这只作为过渡。过渡性双语教学指开始前有一段非双语教学作为过渡期，以免学生一进校就接受外语教学而产生很多困难，但其目的还是逐步地走向沉浸式教学。

保留性双语教学(maintenance bilingual education)，学生刚入校时用母语，以后逐步地在部分科目中使用外语教学，与此同时，部分科目还是用母语教学。

双语教学的出现是我国改革开放，与国际接轨，教育改革发展的必然趋势。我们所开设的双语教学是我国对外开放和顺应全球化发展的产物，是以培养面向世界的高素质双语人才为目标的新模型。因此，双语教学具有十分重要的意义。笔者曾经在我们上海理工大学听了不少的双语教学课，我认为上课教师中确实有比较好的，如：孙锡红、潘筱剑等，但是，有的教师也有许多共同的毛病。诸如：有的一味追求"时髦"，英语口语反而讲多了。有的只讲几个单词，就算双语课了。因此，我校的双语教学大有改进和加强的必要。有鉴于此，我的认识与体会如下：当然，要严格执行申请执教教师的准入制度，筛选英语水平和专业水平确实具备讲授双语课程能力的教师承担教学课程。如上所述,双语教学法是语言学习所要达到的最高层次,即能够使用第二语言之间进行切换,因此双语教学对师资的要求相当高,这就要求教师有相当扎实的外语表达能力,并且具有丰富的学科知识;否则极易将学科课上成外语的辅修课,影响学生其他学科知识的理解与掌握。我们要特别关注青年教师的双语教学能力的培训和提高,将青年骨干教师推到双语教学的第一线去锻炼。双语教学绝不仅仅是强化英语的教与学,它乃是一种世界先进文化和人类文明的学习,是我国加入WTO与世界接轨的需要,是我国向现代化发展的需要,是推进全民素质的一个抓手,因此,创设良好的校园语言环境和增强国际交流渠道,双语教学必须面向世界,面向未来,面向现代化。

同时,双语教学的实施过程,需要特别强调的是,绝对不能有损于"母语教育"。"语言就是文明",语言是民族的象征,民族的符号、民族的旗帜和民族的命根子,同时我们绝不能以牺牲"母语教育"作为代价。英国有一句谚语非常形象地说明了母语的重要性,那便是"即使脱离英国,也不能脱离莎士比亚"。

双语教学,顾名思义,必然是培养学生们的双语能力,而双语能力则为人们开拓了多元文化的视野。正因为如此,联合国教科文组织强调,作为21世纪人才的基本素养,第一是国语能力,第二是外语能力,第三是信息能力。我们在双语教学过程中,应当充分认知这样一种理念。

我国的双语教学,通称是指汉语为第一语言,英语为第二语言,目的在于帮助学生"习得双语能力,理解多元文化,培养全球意识"。因此我们的双语教学不是单纯的基于英语内容的教学,而是渗透于各门学科的教学。确切地说,理想的"双语教学"是"学科教学",而非"外语(英语)教学"。作为学校的领导和教学的行政管理部门应当充分意识到双语教学的必要性和重要性，因此，有关的行政职能部门，应当脚踏实地地提供必要的教学服务，例如，提供双语教师研修的机会，提供切合实际的双语教材和创造双语教学环境优化的条件。根据本人最近几年的调研和思考，我校双语教学中的切入点不妨是：计算机——使用英文版界面的软件；体育——外语口令；艺术——国外艺术家英文介绍；数学——增加英文附加题；中、英文——英国原版或改写版的外国文学作品选读或编排英文课本剧；物理——相关的英文专业词汇、英文科普读物，英语附加题；政治——英文辩论和专题演讲。简言之，寻找合适、有效的双语教学切入点的基本原则应当是：因地制宜、讲究实效、自然切入、便于操作、以点带面、先易后难、循序渐进。

三、关于高校双语教学评估的思考

既然开设了双语教学课，当然也缺少不了对于双语教学的评估。我们不妨把双语教育评价定义为：按照特定的双语教育目标，运用科学可行的评价技术和方法，对双语教育的情况及其效果进行测定并作出价值判断的过程。

双语教学的评价目标应该是：

（1）语言目标：双语教育必须达到这样的目的，也就是把学生在应用系统所包括的两种或多种语言技能提高到一定熟练程度。

（2）专业目标：虽然语言目标是重要的，但双语教育系统首先是一个教育系统，具有与单语教育系统完全相同的目标。因此双语教育系统必须证明自己具有达到这些目标的能力。

（3）社会目标：双语教育系统的建立是为了满足既定社会和文化环境的要求，并通过相互理解和一体化帮助解决一些有关的问题。如果双语教育系统中包括了一门外语或外来文化，那么必将达到增强国际间的理解和团结、和谐的目的。

课堂教学评价乃是学校双语教育评价中最广泛、最有效的一种评价，是检验双语教师授课质量的重要途径。实施双语课堂教学评价，关键在于确定科学可行的双语课堂评价标准。

双语教育质量的评价应该侧重于学校的双语教育工作及其最后结果。评价标准可以归纳为：学校的双语教育目标；学校领导的双语教育理念；学校双语教育的课程体系建设；学校的双语教师队伍建设；学校的双语教育教学管理；学校的双语教育成绩、成果。

这里，还得强调一下设立双语教学的评价机构。评价机构的人员组成要具有权威性、代表性和专业性。人员要精干，人数不宜过多。评价机构可以定期举办不同层次、不同科目双语教师研讨会，及时总结、交流执教经验，探索提高质量、水平的方法。

评价机构可以加强使用原版教材进行双语教学课程改革的理论与实践研究和建设，从根本上明确实施这项改革的深远意义，树立评价机构应当概括汇总的评价结果，对评价对象作出准确、客观、定量或定性的评价结论，并完成评价报告。

体育教学发展十年历程

◎ 邹江香

上海理工大学督导团已经成立15周年，15年来体育学科督导见证了上海理工大学体育教学部的教学改革。2003年随我校推行完全学分制的需求，体育部对体育教学进行了全面的改革，确立了"健康第一"的价值取向，开设一、二年级选修课，体育课程从形式、内容、方法和考核标准等方面进行了修订，并将《学生体质健康标准》的内容与测试纳入体育课程的范畴。2010年体育部配合学校实施"三自主"选课的需求，对体育教学进行了进一步的改革，强调对学生的基本能力、理论联系实践能力和文化素养的培养和提高。就以上这些改革，体育学科教学督导与体育教师共同努力推进了体育学科的不断发展，提高了教学质量。

一、积极改善教学场地条件

一直以来，体育教学部根据学校的实际情况，以学生锻炼的需求为出发点不断改善场地条件。近十年来逐步把学校四片煤渣田径场改造为人造草皮田径场，修建了灯光塑胶球场，网球场、柔力球场，改建了1700平方米的体育场馆，建立270平方米的身体训练健身房。

2010年我校在北校区新建11 000多平方米体育活动中心，

内设篮球场地6片、排球场地2片、网球场地3片、小足球场地2片、羽毛球场地13片、乒乓桌30张。现我校有室内体育场馆面积15 796平方米,室外体育场地72 440平方米,生均体育活动面积为4.41平方米,室内体育活动面积生均为0.79平方米。基本满足我校学生上课及课外体育锻炼的需要。由于教学场地的改善使我校体育课改变了过去看天上课的情况,雨天室内场馆基本能满足学生上课的需求。同时由于教学环境的改善,原来碰到大热天上课,学生躲到树荫底下的现象不见了,学生锻炼的积极性得以极大提高,教学效果也相应提高。由于体育场地条件的改变,吸引更多的学生参与课余体育锻炼,推动了校园体育文化活动的发展。

二、加强师资队伍建设

为了不断更新知识,提高教师理论水平和业务能力,体育教学部近年来注重教师队伍建设。

首先,引进硕士研究生,鼓励青年教师攻读在职硕士学位,改善了学历结构。目前体育教学部共有 43 名教师,其中 8 名教师为硕士研究生,13 名教师通过学习获得硕士学位,使具有硕士学位的教师达到 49%,改变原来体育教师学历低的状况,大大提

高了学历结构。

其次,有计划地选派青年教师参加计算机、健美操、运动训练等各项培训,促使他们成为学术水平较强的主讲教师,从而有效地提高了青年教师的教学、科研和管理能力,对推动我校体育工作向科学化、规范化、制度化的方向发展起到了积极的作用,同时也改善了教师职称结构。体育教学目前有教授2人,副教授9人,高级职称教师达到25.58%。35岁以下青年教师占30.23%,国家级裁判2人、一级裁判7人,从职称结构和年龄结构来看,符合老、中、青结合的梯队要求。体育教学部教授、副教授开课率为100%。

三、拓展课程内容

体育部在不断吸收体育运动新知识、新技术的基础上,积极拓展课程内容。根据学校场地情况,体育教学部把当下流行的形体芭蕾、瑜伽、空手道、旱地冰球、导引养生等时兴、易于开展

的项目引入课堂,使开设课程的种类由原来的19个专项课增至28个专项课,丰富了课程资源,满足学生选课需求。

四、建立网络教学

体育教学部注重现代化教学手段的应用,不断拓展学生自主学习的新途径,在学校网站课程中心建立57个课程网站,重点课程《形体健美》、《篮球》等网站由"课程介绍、课程建设、教师队伍、课外拓展、课程评价、课程资料、课程互动"等7个板块构成,已上传完成"教学大纲、教学计划、考核内容与方法、理论课教案、课程教案、课程录像、教学内容录像"等资料,并建立了"中国健美操协会、亚洲瑜伽协会"等相关链接。课程网站的建设不仅拓展了体育课的时间、空间,开阔学生视野,还加强了师生互动,增强了学生学习兴趣。

五、加强教学管理

体育教学部是学校体育工作的主管与执行部门,是属学校领导的二级教学机构,在学校党政和分管校长的领导下开展工作。下设教学、群体、高校竞赛、学生健康体能测试、学生社团管理、后勤保障等小组,分别以各自的职责开展工作。

在教学管理方面,教学组要求教师严格按照教学大纲的标准执行教学进度,规范教案,认真备课、上课。定期开展业务学习和教学改革的研讨,有效地完成体育教学的管理、群体活动的开展和竞赛活动的组织等工作。

体育教学部教学质量的标准由体育部教学组负责制定,主要从教学和群体活动的开展作为两个切入口,分别对教学计划、教案,课外活动和早锻炼情况,教学秩序,体育课的选课落实,教师的工作态度,教学效果等进行管理,对学生的反馈情况等方面的汇总和核实,并将具体情况反馈到各教学环节负责人和教师本人,并提出意见和建议。建立了教学质量量化考核机制,以保证教学高质量的有效性。

体育教学部教学质量控制工作现在主要有3个层面。

学校层面:以资深教师组成的教学督导组,有计划的对教师的课堂教学情况进行督导检查和监督,分别对教学情况的实施、教学态度、教学方法、教学秩序、教学效果等方面进行系统的检查。

同行层面:体育教学组每年对体育部每位教师实行同行课堂评价,推动教师之间相互学习、交流,同时不定期的进行体育部教学工作专题会议,进行业务的交流和探讨。

学生层面:体育部教学组每学期组织学生进行课堂评价,认真听取教学对象对体育教学的各种建设性意见,特别是对教学情况,教学管理和有关教师的反映,对于需要解决的问题,尽可能采取有效措施,给予解决。

根据对教学质量反馈的情况,体育部每年对教师进行教学质量量化考核,对考核前十名教师予以奖励。

体育教学部的教学改革一直以来,以教学高质量为目标,以课程建设为核心。通过不断建设,现已有《形体健美》、《篮球》两门课程为上海市重点课程建设,改革成效明显,效果显著。

六、积极拓展开放性实践平台

在突出课堂和课外学习的同时,体育部还以"学校体育文化节"、"大学生阳光体育比赛"等重大活动为抓手,构建以"学生社团"与"校外竞赛"为重点的拓展式教学,不断推动校园阳光体育运动的发展,提升课程的文化内涵,取得了非常好的效

果。现体育部扶持的体育社团达 21 个,鼓励学生积极参与到体育社团,让学生有自主创新的空间,使学生对如何解决体育锻炼中的具体问题有更深刻的认识,提升学生综合体育能力。

七、加强学生体质测试工作的管理

为贯彻"健康第一"的指导思想,落实《国家体育锻炼标准》在学校的具体实施,切实加强学校体育工作。体育部开设高年级《学生体质健康标准》测试课,总学时为 8 学时,每学年第一学期安排 4 次课(每周 1 次),每次 2 学时,低年级安排在课内测试。其目的是从身体形态、身体技能和身体素质等方面综合评定学生的体质健康,并进行数据跟踪、分析,制定相应措施,促进学生体质健康发展、激励学生积极参加体育锻炼,养成良好的锻炼习惯。

评 价 指 标	得 分
身高标准体重(男、女)	15
肺活量体重指数(男、女)	15
1 000 米跑(男) 800 米跑(女)	20
50 米或立定跳远(男、女)	30
坐位体前屈或握力体重指数(男) 坐位体前屈或仰卧起坐或握力体重指数(女)	20

八、加强高水平运动队建设

体育教学部在学校的党政领导下,积极推行高水平运动队的建设工作,制定了发展目标,建立了一系列的规章制度。高水平运动队的建设除了积极参加竞赛为学校获取荣誉外,更重要的是通过运动队建设工作的开展,能够促进学校体育运动的蓬勃开展,提高学生体育活动的参与能力;并提出立足上海,面向全国,积极探索体教结合的模式,为提高学校体育运动的开展和培养高水平运动员作出贡献。近几年来学校大幅度地增加了体育经费的投入,2005 年学校体育维持费为 35 万元,2010 年已达到 158 万元,加大体育设施的改造和更新,为高水平运动队的建设奠定了基础。目前我校有田径、足球两个高水平运动队。通过教练一年的培养,我校高水平运动队在 2011 的比赛中取得佳绩。

2011 年上海理工大学获得各级各类体育比赛奖项

序号	比 赛 名 称	项 目
1	上海市阳光体育大联赛田径比赛	专业组男子 800 米第三名
2	上海市阳光体育大联赛田径比赛	专业组男子 1 500 米第四名
3	上海市阳光体育大联赛田径比赛	专业组男子 200 米第六名
4	上海市阳光体育大联赛田径比赛	专业组男子 100 米第七名

续表

序号	比 赛 名 称	项 目
5	上海市阳光体育大联赛冬季长跑比赛	男子团体一等奖
6	上海市阳光体育大联赛冬季长跑比赛	女子团体二等奖
7	上海市阳光体育大联赛乒乓球比赛	本科组二等奖
8	上海市阳光体育大联赛攀岩比赛	团体一等奖
9	上海市阳光体育大联赛武术拳操比赛	高校组武术拳操三等奖
10	上海市阳光体育大联赛排球比赛	高校组排球球（本科组）二等奖
11	上海市阳光体育大联赛健身健美操比赛	健身健美操规定套路二等奖
12	上海市阳光体育大联赛跳踢比赛	高校组三等奖
13	上海市阳光体育大联赛足球比赛	高校组足球(本科组)二等奖
14	上海市阳光体育大联赛羽毛球比赛	高校组女子单打第一名
15	上海市阳光体育大联赛羽毛球比赛	高校组男子单打第二名
16	上海市阳光体育大联赛羽毛球比赛	高校组男子双打第四名
17	上海市阳光体育大联赛羽毛球比赛	高校组女子团体第七名
18	上海市阳光体育大联赛羽毛球比赛	高校组女子团体一等奖
19	上海市阳光体育大联赛羽毛球比赛	高校组男子团体第一名
20	上海市阳光体育大联赛羽毛球比赛	高校组男子团体一等奖
21	上海市阳光体育大联赛网球比赛	女子甲组单打第三名
22	上海市阳光体育大联赛网球比赛	男子甲组单打第三名
23	上海市阳光体育大联赛网球比赛	男子甲组双打第四名
24	上海市阳光体育大联赛网球比赛	女子甲组双打第四名
25	上海市阳光体育大联赛网球比赛	女子甲组团体第四名
26	上海市阳光体育大联赛篮球比赛	高校组篮球(本科男子)一等奖
27	上海市阳光体育大联赛棋牌比赛	高校组围棋(男子团体)第六名
28	上海市阳光体育大联赛棋牌比赛	高校女子国际象棋第三名

续表

序号	比赛名称	项目
29	上海市阳光体育大联赛旱地冰球比赛	高校组二等奖
30	2011上海市大学生智力运动会	围棋(男子)团体(普通组)第六名
31	2012上海市大学生智力运动会	桥牌团体第四名
32	第四届上海市大学生攀岩锦标赛	男子团体第三名
33	第四届上海市大学生攀岩锦标赛	女子团体第四名
34	上海市大学生足球锦标赛	专业组第三名

九、重视科学研究

体育部根据本学科的特点,以科研促进教学为目的,制定了科研考核机制,通过近十年的努力,培养和提高教师的科研能力。近十年来完成课题26项,近几年每年公开发表论文36—39篇论文。

谈提高课堂教学质量的几个关键问题

◎ 顾冠亮

课堂教学是当前我国高等学校班级教学的基本形式,是教学工作的中心环节。要完成好教学任务,首先要抓好课堂教学。本人作为教学督导团成员,听了很多老师的课,结合自己过去教学实践的体会,谈谈如何提高课堂教学质量的看法。

一、课堂幽默是把握好课堂纪律的好方法,是一种重要的教学艺术

好的课堂纪律是搞好课堂教学的基本条件。教师认真负责的教风、生动活泼的教学方法及师生间的相互热情关怀、尊重是建立良好纪律的基础。教师也应该把抓好课堂纪律作为教书育人的重要内容。

课堂幽默是把握好课堂纪律的有效方法,幽默是建立在对学生的爱护和尊重基础上,决不能把对学生的简单挖苦当幽默。尊重爱护学生的富有哲理的幽默不仅能活跃课堂气氛,凝聚学生的注意力,而且还能帮助学生明确学习目的,端正学习态度,掌握正确的学习方法。

例如:个别学生听课不专心,教师应该诚恳地给予严肃批

评。但为了使批评起到效果，不妨加入一些幽默说："由于我目中有人，心中有你，爱护关心你，所以才批评你。"必要时，课后及时找他谈心。总之，要使教师的批评得到同学的理解，使同学真正体会到教师的关爱之心。这样，学生不仅不会逆反，而且以后只要教师一说："我眼中有你"时，学生便能由于得到及时的提醒而自觉地遵守课堂纪律。

又如：个别学生打瞌睡，教师不能不闻不问，也不能简单训斥，因为打瞌睡原因可能多种多样，不妨来些幽默说："打瞌睡的同学还是有一定的学习积极性的，大家看！他的眼睛千方百计要睁开来，但是睁也睁就是睁不开，看来关键是要处理好劳逸结合的问题。我们大学生可不能像夜啼郎那样不能控制自己啊！"这样，哄堂大笑帮助这位同学赶走了瞌睡虫。

再如：有些同学不专心听课是由于听不懂，学习方法上有问题。我曾针对这一现象给学生讲了一件十分可笑的事实。曾有个学生问我一个问题："为什么 $\ln a/b = -\ln b/a$？并说我两节课都在钻研这个问题，最终还是未懂，其它的内容我都没有听"。这对有一定基础的大学生来说确实是一个十分可笑的问题，但更可笑的是方法上的问题。他自以为钻劲十足，抓牢了本该可以在课外解决的次要问题不放，却放弃了十分重要的其它内容，正是"捡了芝麻，丢了西瓜"。这告诉学生听课时首先要把握好全局性的东西。有些学生不懂得局部与全局、简单与复杂的辩证关系，不懂得学习的过程是个由浅入深、循序渐进的过程，简单的问题中可能包含着较难掌握的基本规律，而掌握了基本规律，复杂问题也变得简单。因此，对简单的问题，认为很容易而不听，讲到复杂的问题了，听不懂，也不听，很快学习上陷入了被动，课堂上专心不起来，心里也十分苦闷。我向他们介绍"中途看电视连续剧似的轻松学习法"。中途看电视连续剧，开始时看不懂,但只要坚持看,慢慢地看懂了,而且前面未看部分的内容也能猜个八九不离十。当然,学自然科学不等同于看电视连续剧,需要坚强的毅力狠下功夫,但也必须丢掉包袱,轻装上阵,只要坚持在课堂上认真听讲,必有收获。

如果课堂纪律整体不好,教师应该认真分析原因,也应该检查一下自己教学上是否有问题,要乐于接受学生的意见,不断改进教学,这样的态度不仅不会影响教师的威信,也能为学生树立谦虚谨慎、严格要求自已的典范,促使师生共同创造合作的新天地。

有人说这样会浪费时间,这样说法是不对的。一来只要教师把握好,不开无轨电车,需花时间是极少的,更主要的是教师应该懂得教学绝不是单纯的书本知识的机械传递,而是教师与学生、教与学相互作用,涉及师生间理性和情绪两方面复杂的动态人际过程。应该强调这里不仅有智慧问题还有情绪问题。要搞好教学,教师既要有知识的传授技能,也要有把握好学生情绪的艺术,课堂幽默就是非常重要的教学艺术之一。

二、教学目标很重要,照本宣科是大忌

课堂讲授就是教师根据教学的目标和要求,精细地选择和组织教学内容系统,重点地抓住难点向学生讲授内容,指导学习方式方法,并给学生思想上(包括观点方法)上影响。

教师的主要作用体现在:一是通过自己对教材内容的深入理解,达到教会学生理解,从教师的理解转化为学生的理解。二是教师结合自身的经验和理解方法,教会学生掌握正确的理解方法,提高学生的独立理解能力。三是教师要在把握好教学内容的科学性和严肃性的同时,要认真钻研并发掘科学知识中孕育的深刻思想进行哲理性归纳,讲清自然规律中的辩证法则,既

传授知识，又对学生进行科学的世界观和方法论的教育，起到教书育人的作用。照本宣科完全失去了教师在课堂讲授中的作用，学生是不欢迎的。要上好课，必须做到：

（1）明确课程的教学目标和教学要求，精细地选择、组织处理教学内容，讲解中要抓住系统、突出重点，着力难点。

目前工科院校中，普遍存在着对某些教学要求伸缩性较大的课程意见较多的现象，分析其原因，教师对教学目标和要求把握不恰当和不到位是个重要原因。特别是一些基础学科，如物理学，它是研究自然界中最基本的运动形式的科学，物理学中很小的一个分支都会发展成为一个重要的科学领域，深入下去是无止境的，大学物理不可能也没必要达到各学科领域的深层。但同时，大学物理的内容好像中学早有接触，学生容易麻痹，自以为都懂。事实上，大学物理与中学物理有不同要求，深度广度都上了一个新台阶，它要为学生深入到各专业学科领域打好扎实基础。由于受学生原有基础和认识规律的制约，教学有明显的阶段性。忽略了这种阶段性，教学就会失败。教学目标要求过高或过低都会严重影响学生的学习积极性，降低课堂教学的质量。因此，教师必须根据课程的特点、学生的认识规律和专业的需要，实事求是地定出课程的总体和阶段性的目标任务，而且必须在课堂讲授中充分体现和真正的落实。教师还必须使学生也十分明确这些目标和要求，这样就可使学生为掌握现阶段应该掌握的内容而兴奋，也避免了学生对课程期望值过高而产生急躁情绪，懂得以后还有很多深入的地方需钻研，不能满足已有的知识，调动学生的学习积极性。

讲授要有启发性，善于针对学生情况激疑、释疑，在提出问题、分析问题、解决问题过程中充分调动学生的积极性，要使学生感受到每上一堂课都有不小的收获，实实在在地体会到听课的重要性。

讲授还必须抓住系统、突出重点、着力难点。一方面使学生学得的知识是有血有肉的整体,而不是不分主次无头绪、相互孤立的杂乱零碎知识的堆砌,培养学生总结凝练知识、系统分析问题的能力,深刻体会读书的过程就是个由"厚"读到"薄"的过程。

(2) 根据教学目标要求,紧密结合理论教学,精选典型例题。

通过对一些精心拟定的简单思考题的讨论,帮助学生更具体地理解相关的概念与规律,避免从理论到理论的抽象和枯燥呆板的教学方式,使课堂气氛变得活跃。选择一些综合性的例题,培养学生应用理论解决具体问题的能力和分析运算能力,这也是教学目标的要求。

选择典型例题应该注意:

第一,典型例题要尽可能做到一题多解,通过讲授,使学生体会到不同定律、定理间的内在联系,从而更加系统掌握理论知识,并学会如何正确选择和应用定律定理,使问题解决变得更方便。

第二,要从一个典型例题出发,延伸思路,结合其它同类题进行归纳,从而达到举一翻三的效果,学得更灵活。

第三,典型例题尽可能与实际相结合,使学生体会到知识的实用价值,提高学习兴趣,开阔思路。

第四,结果要分析,极端情况要进行必要的阐述和解释,从而加深学生对一些理想模型的认识。

第五,学会应用已学到的其它课程(如数学)的知识,既为后续课程的学习打下铺垫,也巩固了已学课程知识,让学生了解到学科间的交叉,使知识相互渗透,培养学生综合应用知识的能力。

第六,讲解过程中也可应用反例法,用错误方法和正确方法相对比,给学生正反两方面的教育,澄清错误概念,印象更加深刻。

值得注意的是,目前课堂教学中存在两种错误倾向和观点。一是认为课堂教学就是讲理论的,而解题能力的培养是学生课外自己的事,甚至把别的教师适当地多讲些例题说成是应付考试的题海战役,是中学教学法。另一种则是讲解大量彼此孤立的习题代替基本理论的讲授以应付统考。这实质上是个如何处理理论和应用、知识和能力关系的问题。只注重理论讲授,不强调如何应用,怎能谈得上应用理论解决具体问题能力的培养?不掌握基本理论又如何谈得上更高层次的应用。

三、灵活多样的教学方式和科学整合的教学手段

不同学科、不同阶段、不同单元、不同课时的内容与要求不一致,学生原有的基础水平也不一样。不同领域或不同层次的教学目标的有效达成,需要借助于相应的教学方式和教学手段。这也就确定了教学方式必须灵活多样、教学手段必须有机整合的特点。教学方法包括各种各样的具体方式和手段是为完成教学任务和达到教学目标服务的。一个称职教师,应当根据具体的教学内容、教学对象和不同的课型,合理地选用不同的教学方法,而且探索和创造一些新的教学方法。传统的教学方法,除讲解法以外,还有谈话法、讨论法、演示法等。做到了科学性、系统性、艺术性、启发性、情感性结合的讲解法能够使教师在教学中始终保持主导地位,控制好教学时间和进度,保持所授内容流畅、连贯;抓住系统、突出重点、着力难点帮助学生抓住关键问题,在计划的时间内完成教学任务。当然也有其不足之处,主要是:教学中学生参与少,容易造成被动接受知识的状态,能力的培养不给力。谈话法的优点:突出课堂教学中师生的双边活动,

有利于信息反馈,课堂气氛活跃,有利于促进学生积极思维,相对比较有利于对学生能力的培养。其缺点：教学组织比较困难,教学时间不易控制。讨论法的优点：讨论活动是以学生自己的活动为中心,讨论前需要学生自学并准备发言提纲,这既培养了学生的自学能力,又调动了学生学习的主动性和积极性；有利于发挥学生的独立思考和创造精神,讨论法可使每个学生展示自己的思想,这样的交流可以促使他们认知结构的完善。另外,也可以发挥每个人的个性特征,增强他们的自信心和创造力。这种方法在国外是普遍采用的方法,在我国却用之甚少,很值得深入研究。其缺点：课堂组织教学不易控制；比较耗费教学时间。演示法的优点：可以使学生获得丰富的感性材料,加深对概念本质的解,有利于培养学生的形象思维能力；能够激发学生的学习兴趣,调动学生的学习积极性和主动性。其缺点：适用范围受教学内容、教学设施和空间地点的限制。传统教学明显的不足在于：讲授内容有时空限制,不能展示三维空间的图象,不能模拟实验操作过程和再现实验现象,不能重复回放教学内容,信息容量偏小。

随着科学技术的飞速发展,越来越多的现代化媒体介入课堂教学,体现了现代化电教手段的三大明显优点：重现教育信息方便；形声不受时空限制；表现手法多样性,这正弥补了传统教学的明显不足,因为它重复性模拟性好,所以能够将抽象事物形象生动多样化地展示,可将重点难点加深了解。

但传统教学手段与现代化教学手段各有优点与不足,教学中不管是采用哪种教学方式和手段都是为提高课堂教学效率服务的,教师都应遵循目的性和优化原则,灵活采用多种有效的教学方式和有机地整合多种科学的教学手段。

有的教师丢弃了好的传统教学方法和手段,仅以现代远程教育现成的课件内容为依据上课,助长了部分教师的懒惰性,不备学生,不深挖教材,过度依赖多媒体课件,使师生间失去互动性,这不利于教师主导性和学生主体性的发挥。特别是有些教师将买来的一些课件为中心,把它象打开的书本一样,机械地照本宣科,这样,多媒体教学的优势不仅不发挥,而是成了不合格教师或师德不佳的不负责任的教师应付教学任务的工具,严重打击学生的学习积极性。当前,这种现象的确存在,高校主管教学部门必须着力解决。

四、重视教学结果,更重视教学过程

教学过程就是教学信息在教与学双方不断交流、传递和反馈的可控过程。教学计划的制定,课堂讲授、答疑、作业、实验、考试等都是教学过程中的环节。在实现教学信息的交流、反馈和控制中,教师应该充分发挥主动作用,发挥学生的主体作用。教学效果的好坏归根结底决定于教师对教学过程控制是否得当,教与学是否产生了真正有效的相互作用。

目前,学校中的确存在一些重教学结果、轻教学过程的现象。例如:教学计划更改有时比较随意;在没有认真研究课程目标要求的情况下,比较随意更改教学时数;个别课程设置安排出现次序颠倒现象;有些选修课开设意义不大或条件很不成熟。对教师教学质量评价,比较重视学生考试成绩,把考试单纯看作检查教学质量的工具,忽视考试在教学信息反馈中的重要作用,对教师学生在教学过程中的行为特点缺乏分析。要知道学生成绩的好坏与教师的教学情况密切相关,但也受到一些教师不可控制的因素影响。就教而言,不仅与教师的讲课水平有关,还与教师的教学组织和管理水平有关,不作认真深入的分析,就会造成教师只知道考试结果的好坏,却不知道由此反映出来的教学中存在的关键问题,不能针对性地改进教学。只有从教学过程中教与学双方的行为特征里寻找原因,促使教师关心教学过程中自身行为的效用,按教学规律办事,及时对自己的教学作准确的自我评估并针对性地改进教学,才能使课堂教学质量不断提高了。

教改活动中也同样存在重结果重形式轻过程的倾向,抓教改似乎仅仅是得到一份"经验总结"就宣告结束,而不是把教改看作不断实践、不断总结提高、不断改革的过程。

课堂教学是教学过程中一个中心环节,但答疑、质疑、作业、考试及课堂练习、收集学生的意见等都是教学过程中不可缺少的环节,如果这些环节不抓或没有抓好,中心环节肯定抓不好。因此,教师应该做个有心人,充分抓好各个环节并从中吸取有效正确的信息,及时在课堂讲授中条理清晰、重点突出、启发性有针对性地提供有效的反馈,使教师、学生、知识三方面处于动态的教学平衡中,始终保持信息流的畅通,使对学生的有效输入大幅增加,使教学过程达到优化,从而使教学富有成效。

关于课堂教学各主要环节的探讨

◎ 王世昌

抱着"忠诚党的教育事业"的宗旨，在高校教学这块园地里耕耘了十多个年头。在长期的实践中不断探索、不断思考，收获和感受不少。退休后去了校教学督导团发挥余热，一干又是九年。期间，领略了不少优秀教师的成功之道；也曾与更多的教师一起切磋，寻求改进、提高的良方；督导们的定期交流、讨论为我提供了更多鲜活的实例。这些长年积累下来的正反两方面的认识和体会，对于我来说不啻是一种财富。愿意通过本文奉献给广大同仁，抛砖引玉，以期引发进一步的思索和探讨。如能对学校教学水平的进一步提升有所帮助，我将感到幸运。

课堂教学是高等教育的主阵地，是高校培养人才的主要手段和方式。课堂教学还是一个由诸多环节综合起作用的系统，各环节之间相互联系，各自又都有着特定的内涵。在众多的环节中，又以备课、讲解等为主要，下面分别予以讨论。

一、备课

备课是一项在上课前必须完成的工作。一个教师的课上得怎么样，除了专业水平和表述能力，主要看教师备课的准备工作。从这个意义上讲,备课是一个基础性的环节。

备课的主要任务是写出教案。有的老师以为搞出课件就算是完成教案了,这是一种误解。其实,课件展示的只是教学的基本内容,它只解决了一个"教什么"的问题。而教案呢?除此以外,还要解决一个"怎么教"的问题,也就是说,教案应该计划好教师在课内所有活动的形式、时间、方法等。

为了写出教案,要做的事情是很多的,特别是对于新课。其中包括:领会大纲要求;熟悉教材并选择、组织其中的内容;确定重点和难点;了解前继课程和后续课程;安排进程;分配教时;考虑教法;拟定作业题等。在成稿后,还要将其中的有关部分制作成课件。

备课的充分与否必定会在课堂上表现出来。一个备课充分的教师,他的神情必定是胸有成竹、充满着自信和有把握的,贯彻教学要求必定能驾轻就熟,整个教学进程也如行云流水,一气呵成。

二、讲解

俗话说,教书是个吃"开口饭"的行当。这就是说,教师要把知识传授给学生,口头表述是最主要的方式,因此,讲解作为课堂教学的首要环节,是毫无疑义的。

对讲解的基本要求是准确、清楚、透彻。准确是最基本的,把内容讲错或讲偏了,岂不要误人子弟?这是关乎教师是否称职的一条底线,马虎不得。准确性如何,这牵涉到一个教师的专业水平,同时也与他治学是否严谨有关。对重要的概念、结论、数据一定要审慎,反复推敲,悉心查考,以确保万无一失。清楚主要指三个方面:一是口齿。除了先天条件,课讲到紧要处,把握语速尽量放慢,有意识地加强咬字、吐字,能在一定程度上弥补口齿不清的不足。二是条理。先讲什么,后讲什么,要符合人的认识规律。违反了这个规律,听者就会觉得你颠三倒四、思路不清。三是音量。声音太轻不仅无法使学生产生正常的听觉,还会使课堂气势压抑沉闷,影响学生的情绪。如果是在大教室上课,一定要充分发挥扩音设备的作用。透彻,就要充分,这是指讲到什么程度。十分的东西你至少得讲个七、八分,留一点悬念让学生自己完成倒也未尝不可,但切莫讲得"半生不熟",让学生似懂非懂。

要求高一些,还要流畅。要讲得流畅需要两个条件:一是对讲课内容熟练,这取决于自身的专业功底;二是准备充分,这取决于备课。需要指出,这里的流畅是指在脱稿或基本脱稿情况下能达到的要求。照着书本或者课件念,这样的流畅是没有任何意义的,也是我们应当力忌的。

要求更高一些,是生动。课要上得生动就有感染力,学生会被牢牢地吸引住,教师所讲的东西他们就容易理解,而且印象深刻,有些还能长远地留在记忆中。然而要讲得生动并不容易,它牵涉到多个方面。首先是信息量要大。信息量大了,听者就会感到内容丰富、充实,有血有肉,不感到乏味(这个问题后面还要专门讨论)。其次要形象,使抽象、深奥的内容变得具体、易懂。为了达到这个目的,需要采用一些特殊手法和手段,例如:比喻、举例、实物演示等。再者,要增强点趣味性。为此,可适当穿插一些诸如趣闻、小故事、视频短片之类的东西,点缀一下,可使课增色不少。但要掌握好分寸,倘若花边新闻一大堆,冲淡了主题,这是得不偿失的。最后,语言要有变化,语速、语调、语气都要有所变化。根据内容的需要,时快时慢,抑扬顿挫,跌宕起伏,宛如一部交响乐,摄人魂魄。

三、课件和板书

要把知识表述出来,除了通过讲解,还要借助于文字、图形和图像。多媒体课件(PPT)和板书则是当今在课堂上常用的两种图文表述手段,它们在教学中的地位也就不言而喻了。

现在,我们能把大部分的板书用课件来代替,这实在是以电脑技术为核心的高科技造福于教师的大好事。它不仅大大减轻了教师的劳动强度,净化了室内的空气,而且,许多被植入的精美图片、动画和视频文件,能把多种媒体的组合优势发挥得淋漓尽致,其效果是普通的挂图和投影图所望尘莫及的。所以对于课件,不是要不要用的问题,而是怎么用好的问题。

对课件的文字内容有以下几个基本要求:

(1) 精练。要用尽可能少的文字把基本内容表达出来,这就需要对原来的内容进行提炼和加工。可有可无的要坚决去掉,不必追求语句的完整性和连贯性。好的课件中,大量出现的应该是诸如核心句、概括性短语、关键词之类的单元。文字精练了,学生会愿意记笔记,而且课件上的内容也容易印入他们的脑海。反之,如果把文字从教材上原封不动地往课件上搬,每张幻灯片上密密麻麻的一大片,使人一看就头发胀,哪还有兴趣继续细看?

(2) 要有一个构架。这里所谓的构架就是通常说的提纲。它能表示教学内容的梗概、结构、条理和层次。众所周知,一个教学单元牵涉到的知识点往往有数个、十几个甚至更多。把它们按照其内在的联系有机地组合起来,让学生不仅理解知识点本身,还能知道该知识点在整体中处在什么位置,与其它的知识点之间有什么关系,他们对知识的掌握就会很牢固。相反,如果缺乏一个明晰的框架,内容散乱,学生只能孤立地理解一个个的知识点，就会感到模模糊糊的。构架中要用到标题，标题的分级用各样的数字编号表示效果较好，尽少使用广告文件中常出现的诸如圆点、方块之类的图形符号。

（3）视觉效果要好。为取得好的视觉效果，字体不宜太小，每张片子上字数以数十个为宜。颜色的反差要大：如果底片用浅色，则文字要用深色；反之，底色深，则文字颜色就要浅。有的教师为了突出重点内容而使用了红字，但由于与底色的反差太小，学生很难看清，结果适得其反，这是需要注意的。

（4）设计宜采用"自定义动画"方式。PPT设计时若采用"自定义动画"方式，放映时同一片子上的内容就能按照演讲者的需要分批分次地展现出来，即讲到哪放到哪。而默认的放映方式，整片的内容只能一次展现。从效果来看，前者要明显优于后者，因为前者是吸取了板书的长处，学生的关注度较高。整片整片地放，看的人往往会感到无所适从，到后来干脆不再理会了。在这个方面，笔者自己做过对比，从学生的反应来看，两者的差别是毋庸置疑的。目前使用"动画方案"的教师还较少，这多少有点让人遗憾，可能是由于这种课件的制作太费时吧。但如果从长计议，着眼于提高教学效果，多费些时间还是很值得的。

使用课件主要是要讲究与讲解的配合。内容上要尽可能保持一致，但不能照读。进度上要尽可能同步，不滞后，不超前。另外，如果片子上的文字较多，则需要用鼠标或光笔予以指点。

作为传统的图文表述的手段，板书在课堂上自有其独特的长处：灵便、快捷、易受注目等，而这些正是课件所缺乏的。所以有了课件，决不意味着板书可以废弃，而应该把后者作为前者的补充，使两者相辅相成，相得益彰。作一个通俗的比喻，如果把课件看作"正规军"，那板书就是"游击队"了。

四、内容的组织安排

在教学内容的处理上,有两个原则是需要遵循的。

1. 少而精,学到手

学知识也许多多益善。但须知一门课程学习的时间是有限的,样样都学,其结果往往是样样都一知半解。倒不如少学些,学那些最需要的,把它们都掌握了。只有削枝,方能强干。削枝是要下决心的,有时需要忍痛割爱。其实,从培养学生举一反三的能力这个角度来看,把所有内容包下来也未必是件好事。如果缩减内容涉及到教学大纲,那就要通过一定的程序对大纲作适当的调整,在学校生活中,这也是一种很正常的事。

2. 突出重点,讲清难点

教学上的重点指的是那些处在核心地位上的知识点。既然地位重要,那就需要在教学中多花些时间、多费些精力去对待,力求学生牢固掌握,这就是突出的含义。为了实现这个要求,当不惜调用多种手段,例如:讲得更透些、放缓语速、提高声调、反复、字体加粗和变色等。教学上的难点是指那些学生难懂的知识点。既然难懂,教师就要想方设法讲明白。有些难点本身又是重点;有些虽不是重点,却影响着后面的重点。对于这两种难点的讲解,更需要全力以赴。不讲究重点、难点,所有内容一律平等对待,这种教学上的平均主义所带来的,是学生所掌握知识的含金量的降低。

五、信息量

高校教师上课要有一定的信息量,特别是专业课。这也是大学教学区别于中小学教学的一个重要方面。从某种程度上讲,信息量的大小决定着一堂课的学术水平。这里的信息指的是对教学基本内容所作的必要的拓展和延伸。

信息量大了,对扩大学生的专业视野有利,而知识面的广度则是衡量学生能力的一个方面。一个见多识广、思路开阔的学生,将来在工作中也往往能更快地适应新的岗位,开拓局面创造出业绩。另外,信息量大了,学生对基本内容的理解会更深刻,掌握得会更牢固,有一种很自然的反作用。

为了增大信息量,教师就要能做到旁征博引。尤其要多联系社会、行业、生产实际,即贯彻理论联系实际的原则,还要多反映学术界的新成果,使课常讲常新,跟得上时代前进的步伐。

教师所拥有的信息量主要取决于他的学术功力。这是无法一蹴而就的,只有通过常年累月的不断积累,才能演绎出滴水穿石般的佳话。为此,要争取多参加一些实际工作的锻炼,例如下公司、下企业、搞科研等。几年的课听下来发现,凡是有多年实际工作经历的老师,他们的课一般都上得比较好,底气十足,内容丰富,游刃有余。当然,有些信息通过搜集也是可以得到的,在这方面,互联网为我们提供了一个极好的平台。平时做个有心人,可以使所需的信息积少成多,特别是能把握住本学科发展的前沿。

六、互动

教学是一种双边活动,需要教与学双方的共同努力。就接受知识这个命题而言,学生的努力是内因,也即教师的努力只有通过学生才能起作用。开展教学互动,就是要把学生的主观能动性充分调动起来,以获取更大的教学效果。

互动有形动和神动,两者都需要,但贵在神动。提问时让学生站起来,如果他无言以对或者不加思考就答了出来,就起不到互动的作用,可见光有形动往往是不够的。神动则要动脑子,这才是互动的真谛。为了做到神动,教师就要循循善诱,通过不断的启发,让学生积极开动脑筋,所以神动是与启发式教学联系在一起的。

互动的形式有多种,例如提问、发问、讨论、实训等。究竟采用哪一种形式,这要随课而定,不拘一格。有位教师上《中外经典广告案例分析》一课。有一次,她让学生在课外去收集某些案例的资料,然后拿到课上来介绍、评说。一个学生讲完后,其余的学生提出问题,一起讨论。最后由教师修正、归纳、总结。这样的做法效果较好,因为它结合了课程的特点。设想一下,这门课如果所有案例的讲解都由教师包下来,情况很可能会差强人意。

为了使互动取得好的实际效果,教师在课前应该有个盘算。譬如要提问,就要先考虑好:在哪个节点上提出问题?提什么问题?问题太难或太容易都不妥当,应该选择那些在学生经过思考后至少能答出一部分来的。另外,开展互动决不意味着教师的主导作用可以削弱。有一次,教师让一个学生讲解一个全新的内容,尽管学生在课前作了充分的准备,但在课上仍然讲不清楚,最后还是由教师讲了才完事,结果时间给白白浪费掉了。所以,让学生上讲台要谨慎,这种方式只适合于某些特定的题目,不能超越学生的学识及能力范围,而且只能作为一种辅助手段来使用。

开展互动能使学生学得更扎实,因为这样所学到的知识,是通过了他们自己劳动的,与单纯由教师灌输相比,结果当然会大相径庭。此外,互动还是能力培养的一条有效途径:脑筋多动则灵,而且,经常处在教师的诱导下,教师的思维方式就会潜移默化地影响学生;做作业、搞实训等方式的互动,还能增长学生实际工作的才干。

七、教材

打从造纸术和印刷术发明后,书本一直作为传承文化的主要媒介而存在。学校里,教书要用书,读书也要用书,这似乎已成了天经地义。记不得从哪年开始,上面有规定说高校学生不一定要买教科书。这里暂且不讨论这个规定的利弊得失,人们只认这个理:没有了教科书,学生的学习肯定要受到很大的影响,这是由教学规律所决定的。由网上下载的电子书或者教师给的课件只能部分地替代教科书的作用,纸质教材的主角地位是其他类型的教材所无法撼动的。当然,有鉴于上述的规定,学校和教师都不能强制学生买教材,但教师有责任推荐和劝导,放任自流是一种失职。有个学期,笔者做过一个粗略的统计,在我所听的课中,没有教材的竟超过了半数。许多学生空手而来,高兴时听听,也不做笔记。真不知道他们在课后怎样复习?将来考试又怎么办?

有了教材,还要乐于使用,善于使用。通常,成熟教材中绝大部分内容的可靠性很强,教师对其是足可以放心的。重要的内容,你不妨可念上一段;有时甚至只要指出在书中的位置,作些指导,让学生自己去看就行。大量的时间省下来,可以用到其他更需要的地方去,这又何乐而不为?有了教材却将它束之高阁,这就未免太可惜了。当然,也不能把教科书中的体系和内容视为金科玉律。在不违反大纲要求的前提下,有时对教材作出一定的变更和处理(如删节、章节合并、调换次序等),反而更有利于教学。另外,过分依赖教材,在课堂上大片大片地念,这是需要忌讳的,若是这样,学生还不会自己去看?

八、教书育人

在课堂上开展教书育人是每个教师义不容辞的责任,他们应该无愧于灵魂工程师的美誉。教书育人的内容十分丰富,本文仅就以下两个问题进行讨论。

教书育人的要义是管教管导,即要求教师在向学生传授科学知识的同时,积极开展思想品德教育。在这方面,有两个问题是要面对的。其一是用什么去教育学生。青年学生处在成长期,思想和行为的可塑性很强,要提高他们的品格修养,我们就只能用积极、健康、向上的东西去引导和影响他们。教师自己不是圣人,有时也会出现一些消极情绪或与当前社会主流观点相悖的看法,这些可以在课堂外的某些场合表露出来,但如带到课堂上来喧泄,那就不妥当了。现在,互联网上的信息五光十色,鱼龙混杂,教师在引用这些资料时,一定要严格把好关,防止那些有害的东西来污染学生的心灵。其二是怎样去教育学生?在课堂上的育人不应该是简单的说教,而是要将它融入到教学中去,做到寓育于教。有一位教师开《出版文献学》这门课,我去听课,适逢世界读书日快要来临。课开始后她没有马上进入正题,而是列出了一张出版学方面的经典文献的目录,问学生:"你们有哪几个人读过这些文献?"结果下面毫无反应。接着她又问:"再过四天,你们知道是什么日子?"这回,有几个学生作了肯定的回答。她马上语重心长地说,现在读书气氛不浓是不正常的,须知一本文献的价值不在于出版了多少,而在于有多少人阅读了它。最后,她勉励学生要多多读书。笔者认为,像她这样进行学风教育是颇得要领、独具匠心的。

还有一个是为人师表的问题。教师要严以律己,做学生的表率。这不仅关系到教师自身的形象,还直接影响育人的效果。

只有在学生中树立了威望,他们的心扉才有可能向你敞开。要求学生做到的自己必须先做到,这是一个起码的要求。举个例子,上、下午的首节课前有个预备铃,学校要求学生在铃响之前进教室,目的是使他们的心静下来,以便课开始后立即进入状态。那么对于教师呢?他们更需要有这样一个缓冲,除了使心静下来,还要默想一下教案的梗概脉络,打开电脑把课件上有关的部分调出来。要做好这些事情,自然要求比学生来得更早一些。对于不打预备铃的课也应这样。但现在还有很少一部分人没有完全做到这一点,这是需要引起重视的。

九、教态

教师在上课时首先要有一个饱满振作的精神状态,这不仅有助于充分发挥他自身的教学水平,而且会强烈地感染学生,使他们始终能聚精会神,这样,整个课堂的教学气氛就会浓浓的。你别看有些教师平日里讲话轻声细语的,一旦当他们走上讲台,就仿佛换了个人似的:嗓门自然地大了起来,气也提起来了,两眼炯炯有神……在他们的教学生涯中,这已似乎已成了一种职业操守。在背后支撑这种神态的是强烈的责任感和使命感,面对眼前的莘莘学子,他们觉得应该竭尽全力把自己的学问传授给他们,使他们学有所得,学有所成,以对得起他们,对得起他们的家长,对得起整个社会。人们常说运动员在场上比赛要有精、气、神,我觉得教师在课堂上讲课也应当如此。

教师在课堂上还要有一个良好的姿态,端庄、自如,能展现一个高层次知识、文化人的气度和风范。目光要环顾学生,在会神授课的同时,间或留意学生的动静和神态,不宜长时间地驻留在课本、电脑显示屏或放映课件的幕布上。在与学生进行互动交流时,教师要显现出发自内心的关爱、亲切,善解人意,懂得尊重他们的人格，以致在学生的眼中，俨然是一个可敬可近的长者，形成一种很自然的亲和力。

　　课堂教学的各个环节若都能把握好，我们的课就能达到炉火纯青、出神入化的地步。但这绝不是一朝一夕的事，需要在长期的实践中勇于探索，勤于思考，虚心求教，善于总结，不断改进。只要矢志不渝，相信会有越来越多的老师在教学艺术的殿堂中大放异彩。

教学过程中 PPT 所起的作用

◎ 叶慈南

我的专业是数理统计。多年来我一直教授本科生和研究生不同层次、不同类型的"概率论与数理统计"和"数理统计"课。上课时,每介绍一种统计学方法,总要举一些例子。统计学的例子中往往有不少数据,少则五六个,多则几十个,甚至有上百个。原先没有 PPT(Power Point)时,一旦讲解例子,若数据较少,则把这些数据全抄在黑板上;若数据较多,我就象征性地在黑板上抄若干个数据,比如头几个数据和最后几个数据,中间的数据用省略号表示,以节省时间。再比如,在讲到统计学中有名的关于"无偏估计方差的 Cramer-Rao 下界"的定理时,定理中的正则性条件就有四、五条,在黑板上抄抄就要花好几分钟,满满一块黑板。

一节课仅 45 分钟,时间不长。怎样充分利用这 45 分钟,给学生提供更多信息,讲授更多内容?这个问题一直困扰着我。

自从有了 PPT 这个现代化教学手段,这个问题基本上解决了。我把带有不少数据的例子,带有不少条件的定理等做成 PPT。上课时讲到这部分内容时,只要把这部分内容做成的 PPT 在屏幕上打出来即可。这样做一方面节省了时间,另一方面在屏幕上打出来的内容比我用手在黑板上写出来的要清楚、端正。

然而我还听到不少关于使用 PPT 的不同声音,认为使用 PPT 不好,还举出不少例子。比如有的老师把教学内容做成 PPT 后,上课时再也不用板书了。老师是轻松了,但因做成 PPT 后,教学内容打在屏幕上看上去一大片,老师上课时所讲内容显示在屏幕的什么地方学生来不及找,老师所讲的与 PPT 显示的衔接不起来。再比如,教同一门课有好几位老师,有些使用 PPT 的老师教出来的学生其考试成绩反而比有些不使用 PPT 而仅使用板书的老师教出来的学生考试成绩来得差。理学院有的教学名师从来不用 PPT,但是教学效果却很好。

那么,PPT 作为一种现代化的教学手段到底好还是不好?应该怎样正确使用 PPT 这种教学手段?2010 年秋季学期起,学校让我担任本科生的教学督导。在担任督导过程中,我有机会听取许多老师所上的课。在这过程中,我比较关注老师使用 PPT 的一些情况,有了不少体会。

一、PPT 作为现代化教学手段,只要使用得好,肯定能提高教学质量

"高等教学"作为理工科学生必修的一门重头课,其中有一章叫"空间解析几何"。这一章中涉及许多空间图形,其中不少图形特别是二次曲面以及它们的交线的图形不易画好,上课时要在黑板上将这些图形画出来且画得好,既不容易又费不少时间。如果上课时这类图形画得过于潦草甚至出现一些错误,则势必影响同学们对这些图形以及相应的曲面方程的理解。使用 PPT 的教师在讲到这部分内容时,将事先在 PPT 中画好的相应的图形打在屏幕上,其效果会好得多。

"大学物理"这门课中要讲到"单摆"。如果仅按照教材所述

的内容进行授课就比较"死板"。有的老师把这部分内容做成PPT,而且做成的PPT可以使"单摆"来回地摆动起来。这样做使学生对于"单摆"理论的理解和记忆都很深刻,效果要比原来好得多。

  有一次我去听一位物理老师所讲的"大学物理"课。讲到"两个相干谐波的叠加"时,他所做的PPT让两个谐波"动起来"展示了这两个谐波叠加后所产生的波形。这样做的结果使同学们对于"两个相干谐波的叠加"有了直观上的感性认识和理论上的深刻理解。如果仅用教材中固定的平面图形,而不用如此精妙的PPT,这种效果肯定是达不到的。

  "普通化学"和"有机化学"教材中常常要给出所论及的物质的"分子结构式"。如果能画出在三维空间中这种物质其分子中各原子之间关系的示意图,将其展示给学生,这有助于学生对这种物质性质的理解,其效果会好许多。有几位化学老师就是将三维的"分子结构图"做成PPT,上课时展示给学生,取得很好的效果。

  除了数学、物理、化学这些"理学门类"的课程是如此,其它学科门类的课程也是如此,只要使用得当,PPT在提高教学质量上肯定能起到很好的作用。

二、PPT使用得好与不好,其效果将会天差地别

  上面介绍了PPT使用得好,以提高教学质量的例子。当然也有一些PPT使用得不好,以致其效果适得其反的例子。有的老师仅把使用PPT看作减轻自己负担的工具,将课堂上要讲的内容,整段整段地做在PPT里面,上课时把相应的几页PPT内容依次打在屏幕上,然后完全按照做成的PPT来讲,有的甚至就念念展示出来的PPT。这样做,同学们就很难在屏幕上找到与

老师所讲的相应内容，以致同学们的思想无法跟着老师的思路走，也很难记笔记。这时有的学生干脆拿出手机把屏幕上的内容一页一页地拍下来，以便下课后仔细地看 PPT 里面的内容。这样做的结果课堂气氛不可能活跃，更谈不上启发式教学。

过去在没有 PPT 仅使用板书的年代，老师备课时对于每节课的内容都要吃透，都要记住，上课前有的还要背一背要讲的内容。现在有了 PPT，刚接手某门课的教学任务时，要完整地做出这门课的 PPT 是要花不少功夫的。一旦这门课的 PPT 完成后，每节课前的备课就轻松得多。因为上课时一打开 PPT，老师就会知道这节课的内容，又不用板书，这时即使上课前没有很好地备课，一节课也很容易应付过去。有的老师对自己教学要求不高，抱着应付的态度。如果是这样，使用 PPT 反而给有些老师增大了偷懒的空间，其教学效果常常比仅使用板书来得差。

还有的老师由于在做 PPT 时功夫下得不够，做成的 PPT 文字的型号不一致，有的字大有的字小；有的 PPT 里的数据、语言甚至公式时有错误；有的 PPT 做得不清晰、看不清楚……如果这样的话，使用 PPT 的效果会更差。

三、PPT 仅是一种工具，要提高教学质量，居第一位的还是教师的教学态度和业务水平

有的老师从来不使用 PPT，但教学效果却很好，并且得到学生和老师的一致好评。有的老师虽然大量使用 PPT，甚至全部使用 PPT，黑板上不写一个字，其教学效果却不理想。对于同一门课，全部使用 PPT 的老师有的甚至其教学效果还不如很少使用 PPT 或者全部不用 PPT 的老师。以上这些现象的出现，其原因就在于，有的老师虽然不使用 PPT，但他或她对于所教课程的内容吃得很透，有着深刻的理解。哪些是这门课的重点？学生

对这门课理解的难点在什么地方？上课时怎样叙述会使学生较易掌握？板书如何设计使学生较易接受且易于记笔记？等等。所有这些在备课时都作了周全的考虑。而有的老师虽然在PPT方面花了不少功夫，但对于课程内容没有深入的理解。当将课程内容做成PPT后又过分依赖PPT，备课时不认真，上课时不管授课对象的情况如何，都一样地照本宣科。如果是这样，后者的教学效果肯定不如前者好。

现在有的老师PPT做得不错，作了不少改进。有的教材本身带有该课程的PPT。将这些PPT里的内容打在屏幕上时不是整个一页一下子打出来，而是一层意思，甚至一句话、一个公式慢慢地打出来。上课时老师讲一层意思，屏幕上仅把这层意思的内容打出来；经过推理得到了某些结论，屏幕上仅把该结论打出来。这样做的好处就是避免了前面所讲的那种整页整页地显示PPT内容的弊病，使得学生的思维能跟着老师的思路走，能较好地接受老师所讲的内容。

教材所带来的PPT是对于正常授课情况下所制作的。如"高等数学"中"函数的导数"这部分内容较早就讲到了。在讲到后面内容时，有时要用到函数的导数的知识。这里，教材和相应的PPT就直接给出导函数的结果，其过程不会出现在这部分的PPT中。如果教师在讲到这部分内容时，发现有些同学对于"导数"的内容已较生疏，则可用板书的方法在黑板上具体求一下这时出现的函数的导数。这样做的效果显然要比仅把关于这部分内容的PPT打出来，直接给出该函数的导数要好。也就是说，PPT做得再好，为了提高教学质量，也应该将使用PPT与板书结合起来。

总之，我认为作为一名教师，不管在教学中使用PPT还是不使用PPT，首先都要提高师德，认真对待所教的每一门课程，在对于所教课程的理解上下功夫。已经在教学中使用PPT的老师在讲课过程中应不断改进现有的PPT，但不要过分依赖PPT。尚未在教学中使用PPT的老师也应尝试使用PPT，充分发挥PPT这样的现代化教学手段在教学过程中的作用，努力提高教学质量。

本科毕业设计的理论与实践思考

◎丁亚军 叶黔元 于宝贵 吴焕及

上海理工大学现有经济学,外国语言文学,新闻传播学,艺术,数学,物理学,化学,电子信息科学,材料,机械仪器仪表,能源动力,电子信息,土建,环境与安全,交通运输,轻工纺织食品,药学,管理科学与工程,工商管理,公共管理等20个学科大类,其685个专业(其中包括10个中美,中英,中德合作办学10个专业)。笔者为上海理工大学本科教学督导团成员,十五年中一直参与本科教学质量的监测,调查,研究工作。每年都要参与本科毕业设计(论文)的检查,观摩,评审。现就毕业没工作的所见所闻谈谈我们的看法:

一、毕业生设计(论文)的教学地位

毕业设计是高等学校教学的重要环节,高校的毕业设计(论文)是实现本科培养目标要求的重要阶段,教育部及我校的相关文件指出:毕业设计(论文)是大学期间,学生毕业前的最后学习阶段,是学习深化与升华的重要过程;是学生学习,研究,创新,创业与实践成果的全面总结;是学生综合质量与实践能力培养效果的全面检验;是学生毕业及学位资格认证的重要依据。

因此,毕业设计(论文)是衡量高校教育质量和办学效果的重要评价内容。

二、毕业设计(论文)的教学目标与要求

毕业设计(论文)是培养学生综合运用所学的基础理论、专业知识和基本技能分析和解决实际问题的能力,是促进学生进行基本的工程训练和社会活动实践,初步具备理论研究工作的科学分析能力。具体要求如下:

(1) 调查研究,查阅文献和检索资料的能力;

(2) 理论分析,制定设计或试验方案的能力;

(3) 实验研究,选择,测试手段的能力;

(4) 模拟抽象,数据处理,案例综合分析的能力;

(5) 设计计算和工程绘图能力;

(6) 工程环保安全,能源节约与再利用能力;

(7) 计算机及网络应用能力;

(8) 技术文件,论文或设计说明书,包括外文摘要撰写的能力;

(9) 能运用一种外语阅读与翻译本专业外文资料的能力;

(10) 团队合作与互相协调的能力。

三、毕业设计(论文)质量的评价

目前我校教务处已制定了六大类专业的立题,立题评议,毕业设计(论文)中期检查,毕业论文撰写,毕业设计(论文)成绩评定,毕业设计(论文)质量评审的一系列文件。毕业设计(论文)质量的评价体系大致由三个部分和十多个评价要素组成。现简要介绍评价部分评价要素的内涵:

1. 选题质量

(1) 选题的指导思想:符合专业培养目标,有一定的理论和

实用价值,对所学知识能进行综合训练,每年的题目有一定的更新率。

(2) 题目难易度:选题达到专业教学计划和教学大纲,对知识能力培养的要求能体现教学计划中对"三基"和能力的基本要求,坚持每人一题原则,对大而难的题目可分解为若干子题目,分解为学生可完成的课题,毕业设计(论文)要有阶段成果的检验。

(3) 题目工作量:按毕业设计任务要求安排,通常安排8周至12周,每6~8小时。

(4) 联系实际:题目要求能力与科研,生产实际,教学和实验室建设或课程建设项目相结合。

2. 能力水平

(1) 调查研究,应用文献能力:能独立开展社会调查,进行资料检索,并运用适当,学校规定参考资料为中文8篇左右,外文2篇以上。

(2) 理论分析,试验方案制定能力:理论依据充分,分析正确,试验方案合理。

(3) 实验研究测试手段能力:能理论联系实践,用科学的研究方法开展实验,测试手段合适。

(4) 数据处理与分析能力:数据准确,分析推导正确,数据处理方法和结果正确,案例推论符合实际。

(5) 设计计算与绘图能力:设计计算步骤正确,图表,插图归类规范。

(6) 计算机及网络应用能力:能正确上机使用现有软件或根据毕业设计(论文)题目要求编程上机,软件的编辑程序能接受软件测试要求。

(7) 环保及能源再利用能力:设计中能注意考虑环保及社

会经济持续发展的技术经济分析能力。

（8）设计说明书以及外文摘要书写能力：有一定的写作水平，能撰写 500 字左右的中文摘要及相应 400 个印刷符的外文摘要。

（9）外文资料阅读与翻译能力：能结合题目需要，阅读翻译 10 页左右的主要外文参考资料，特别是工程类专业。

（10）团队合作能力：培养展开大项目科学研究中的团队合作及互相协调的精神。

3. 设计（论文）质量

教务处制订的六大门类专业毕业设计（论文）质量评审表主要有下列要素组成：

（1）设计任务书：设计任务是否明确，安排是否合理。

（2）论文设计说明书撰写水平：要求论文的文题相符，有一定的写作水平，毕业设计（论文）说明书项目齐全，提供审阅的文档资料齐全，页数（A4）要达到 30～40 页。

（3）绘图质量：绘制图纸表格，插图规范准确，符合国家标准要求有手工图纸及计算机绘图纸，工程类要达到 2 张"0"号图纸量。

（4）规范化程度：符合上海理工大学本科毕业设计（论文）撰写规定。

（5）论文工作量，外文摘要，外文翻译，计算机应用能力：符合我校六大门类专业本科毕业设计（论文）的相应要求。

依照我校毕业设计（论文）管理工作的要求，每年组织有关专家组成评审组（主要由本科教学督导团参加）对应届毕业生的毕业设计（论文）按照毕业生总人数抽取一定比例（约 10%）进行毕业设计（论文）质量评审。

四、毕业设计（论文）指导的主要环节

由于近年来高等教育从"精英教育"向"大众教育"转变，毕

业设计（论文）的质量客观上有所下降的趋势，为了稳定其质量并使其不断上升，我们必须进一步探索提高毕业设计（论文）质量的具体方法途径。而今欲提高毕业设计（论文）的质量，从某种意义讲，已上升为一项系统工程，它要涉及到各个方面，受到各种各样因素的制约和影响，有主观的，客观的，有校内的，有校外的，社会环境的，但仔细分析，我们认为除了客观因素、制度因素以外，学生本身和教师（尤其是指导教师）是主要因素。为此，要大面积提高毕业设计（论文）的质量关键之一，在于选好题目，要与学生就业相结合，充分调动学生的积极性；关键之二，在于指导教师要负责任地悉心指导。我校计算机工程学院在2007届毕业设计（论文）组织管理中有不少成功的经验：

（1）毕业设计（论文）题目的选定。为了毕业设计开展的更为顺利、有效，学院提前半年安排全院教师共列出了近300个题目，由学院专家组进行网上盲评，从中筛选出220个题目供学生网上选题，填写一、二、三个志愿，经师生双方选择后，完成了全部选题（216位同学，35位指导教师）。这样做，充分利用了网络资源，使题目的确定更加科学合理，师生间增进了解，学生对立题理解更充分，可利用寒假做些先期准备，发挥了学生的积极性。

（2）毕业实习的安排。往年存在实习单位难找，难安排，时间利用不充分，收效不大。为了改变这种状况，近两年采取了工厂技能培训和企业实习相结合的形式。即除部分课题在公司企业或已找到工作单位的在公司企业实习外，其余都参加由市政府出资的工厂职业技能培训，同学既可学到一些知识和技能，又能利于就业，也解决了实习费，收效较好。

（3）立题力求结合社会需要和企业实际需要，以及计算机新技术，新发展，既有利社会，也利于教学，结果同学的签约率比往届提高，就业情况较好。

五、毕业设计(论文)的组织管理

  毕业设计(论文)的组织管理工作要求,在培养计划的最后阶段,应落实毕业设计的安排,立题并下达毕业设计任务书,各学院应做好毕业设计准备工作。开始前应对学生进行动员;设计过程中,应进行中期检查,了解情况,解决问题;最后在毕业设计双盲评审及答辩基础上进行成绩评定。应鼓励学生参加上级有关部门组织的毕业设计(论文)大奖赛。学校应加强毕业设计工作的指导,严格管理,努力提高学生毕业设计(论文)的质量;应鼓励学生在做毕业设计的过程中,感受,理解知识产生和发展的过程,培育和养成崇尚科学的精神和创新,创业思维理念,提高收集处理信息的能力,获取最新科技知识的能力,分析和解决问题的能力,语言表达能力,团队团结协作和社会活动的能力。

  上海理工大学本科毕业设计组织管理工作流程图:

```
┌─────────────────────────────────────────┐
│  教务处制定本科毕业设计(论文)工作实施意见  │
└─────────────────────────────────────────┘
                    ↓
┌─────────────────────────────────────────┐
│  各专业根据本专业的培养目标和要求制订毕业设计 │
│              (论文)大纲                    │
└─────────────────────────────────────────┘
                    ↓
┌─────────────────────────────────────────┐
│  各学院在第七学期中,组织相关教师完成毕业设计(论文) │
│            立题卡和任务书填报工作             │
└─────────────────────────────────────────┘
                    ↓
┌─────────────────────────────────────────┐
│   第八学期,学院审核及组织实施毕业设计(论文)   │
│                工作全过程                  │
└─────────────────────────────────────────┘
                    ↓
┌─────────────────────────────────────────┐
│    各学院中期组织毕业设计(论文)自检工作      │
└─────────────────────────────────────────┘
                    ↓
┌─────────────────────────────────────────┐
│  教务处组织对各学院毕业设计(论文)进行中期检查  │
└─────────────────────────────────────────┘
```

```
        ↓
┌─────────────────────────────────┐
│ 各学院组织毕业设计(论文)双盲评审答辩和成绩评定 │
└─────────────────────────────────┘
        ↓
┌─────────────────────────────────┐
│ 各学院向实践教学科汇总答辩过程安排表    │
└─────────────────────────────────┘
        ↓
┌─────────────────────────────────┐
│ 各学院组织答辩工作,教务处组织督导团专家等督 │
│        查观摩答辩工作            │
└─────────────────────────────────┘
        ↓
┌─────────────────────────────────┐
│ 各学院将答辩成绩汇总登记表,毕业设计(论文) │
│        登记交至实践教学科归档       │
└─────────────────────────────────┘
        ↓
┌─────────────────────────────────┐
│ 各学院将优秀毕业设计(论文)摘要(包括电子文档)│
│        交至实践教学科            │
└─────────────────────────────────┘
        ↓
┌─────────────────────────────────┐
│ 教务处汇编毕业生优秀论文摘要         │
└─────────────────────────────────┘
        ↓
┌─────────────────────────────────┐
│ 教务处组织有关专家(教学督导团)对本届毕业设计│
│      (论文)质量进行抽查评析        │
└─────────────────────────────────┘
        ↓
┌─────────────────────────────────┐
│ 教务处报毕业设计(论文)抽查评析情况     │
└─────────────────────────────────┘
        ↓
┌─────────────────────────────────┐
│ 教务处对全校毕业设计(论文)工作进行总结,交流评估│
└─────────────────────────────────┘
```

图 1. 上海理工大学本科毕业设计组织管理工作流程图

六、近七年本科毕业设计(论文)质量抽查情况评析

从近七年本科毕业设计(论文)质量抽查情况统计表看出：课题来源于科研生产实际的从 2002 届的 26.6% 至 2006 届上升为 58%；立题符合培养目标要求的从 2002 届的 63.8% 至 2006 届上升为 79.2%；对学生综合能力训练符合教学要求的从 2002

届的 37.2%至 2006 届上升为 74.4%；设计（论文）撰写质量规范的从 2002 届的 28.7 至 2006 届上升为 61.9%；设计（论文）工作量合适的从 2002 届的 76.7 至 2006 届上升为 90.4%；外语能训练合适的从 2002 届 57.4%至 2008 届上升为 86.9%；计算机应用能力训练合适的从 2002 届的 50%至 2008 届上升为 64.1%；成绩评定一直保持在 90%左右是合适的，偏离、偏低的各占 5%。说明我校本科毕业设计（论文）的质量指标逐年在提升与完善。2004 年我校接受教育部专家组评估其办学水平已达到优秀等级。反映本科教育，教学质量的毕业设计工作也得到专家组的肯定。上海理工大学近七年毕业设计（论文）质量的评审情况见附录。

七、对毕业设计（论文）的不同看法

（1）据有关资料介绍国内部分高校中经管类，文科类专业的一些教授主张取消毕业设计（论文）这一教学环节，如人大，师大，外交学院，中国农业大学，中央财经大学，北京语言学院，华中科技大学。部分教授提出"大众化"教育后，取消毕业论文是国际化趋向，如美国不写毕业论文；本科生缺少写毕业论文的条件；当前做论文与就业压力有矛盾，且写论文过于刻苦；毕业生炮制论文，"东拼西凑"，"滥竽充数"现象比较普遍，质量越来越低，故可以考虑取消。

（2）存在问题不等于要取消。国内也有不少高校的教授持有这种观点，如河南大学商学院，南京农业大学屈教授，南京师大新闻传媒学院季教授，东南大学社会系奏教授认为：写论文确实工作量很大，精神压力大，就业竞争很激烈，但写论文要进行调查，收集资料，分析第一手资料，这一过程对学生锻炼很大，论文是衡量大学四年所学知识的标准。尽管去单位实践也有检验

自己的所学的知识,但是大学毕业生要有一个检验关口,取消论文理由不充分,如果因缺少条件及论文质量有下降宣布取消,那么高等教育现在存在种种问题是下是否要取消高等教育呢?

(3) 取消论文不可取,盲目照搬国外做法也不可取。南京师大俞教授,南京理工大学张教授,南京农大屈教授认为美国一些大学平时作业就是写综述,而且它们实行"宽进严出"的做法,韩国与日本实"严进严出"的做法,而我国国情不同,不能照搬国外做法。当前高等教育从计划经济向市场经济转型下,判别毕业生的素质应多元化科学化,相关问题应在教育制变改革中解决,而盲目取消毕业设计"论文",培养制度要造成混乱,笔者认为工程类,经管类,外语类,艺术类,理科类,文科六大门类的专业设计(论文)环节,应通过高等教学改革逐步完善,进行科学的多元化的改革。

八、小结

综上所述,在新势下,我们应该首先在教育观念和思想上重视起来,达成以下共识:提高对毕业设计(论文)教学地位的认识;明确毕业设计(论文)教学目标要求;熟悉毕业设计(论文)质量评价要素;抓好毕业设计(论文)指导环节;严密毕业设计(论文)组织管理;重视专家组对毕业设计(论文)工作的评析;研究毕业设计(论文)工作不同的争议;改革毕业设计(论文)相关的教学法规;在此基础上还要把学生具体撰写毕业设计(论文)和教师有效指导这两个问题作为主要抓手。从整体出发帮助每一个学生,引导他们提高撰写毕业设计(论文)的能力,将所学的专业知识转达化为发现问题,分析问题和解决问题的实际能力,同时提高指导教师的主动性和积极性,有效实施本科毕业设计(论文)工作细则和规范的改革,使学生毕业设计(论文)的质量得到大面积的提升。

我看管理学院 2012 届毕业设计

◎ 王龙德

《上海理工大学全日制本科生毕业设计(论文)管理条例》第二条:"毕业设计是学生在校期间最后一个重要的,综合性的实践教学环节,是专业学习深化与升华的重要过程,是学生学习、研究与实践成果的全面总结,是学生综合素质与实践能力培养效果的全面检验,同时也是学生毕业及学位资格认证的重要依据。"

为全面实现这一要求,管理学院上下一心,在 2012 届毕业设计(论文)工作中做出了出色的成绩,真可谓来之不易。这里从督导工作的角度说一些体会。

管理学院是学校本科专业与学生人数最多的二级学院。历年来,每当进入毕业设计(论文)教学环节,相关事项与工作就立即呈现出量大、面广、时长的特点。学院不同专业在此教学环节的掌控上,存在或多或少的问题,互有差异,尤其在现场答辩时,隐藏着的诸多问题就纷纷凸显出来了。

从专业方面来看,偏理工性质的专业(例如管理科学、信息管理与信息系统、交通工程等)毕业设计(论文)工作相当实在,答辩过程亦符合规范。至于偏文科性质的专业(例如工商管理、公共事业管理、国际经济与贸易等)毕业设计(论文)工作不少流于空泛,答辩过程出现走过场的现象。

归纳起来,以往存在的共性问题主要有以下几个方面:

1. 立题过大过空

凡是选择"全球、国际、世界、中国……"这一类宏观题目的论文,其内容罕见学生独立工作的成果,反而随处可发现拷贝文献或网上下载的情况。

2. 数据资料陈旧

多个专业的研究课题部分与社会大系统有关。为了追踪了解社会大系统中多种子系统的状态,理应着重考察其近期的动态变化,然而套用多年前的历史数据来论述系统的当前现状及以后的发展趋势,就失去了科学上的意义。

3. 文本格式随意

论文撰写原本就有固定的明确规范,是一件只须细心的非技术性工作,无难度可言。可是实际上要挑选出一本完全符合撰写规范的学生文本却非常困难,这说明学生的工作态度与导师的严格把关还需加强。

长期以来,上述诸问题困扰着管理学院。事实上,除了极个别自暴自弃的学生以外,通常从存在较多问题的学生身上可折射出其导师工作中所存在的问题。为此,管理学院新一届领导班子及时制订并贯彻了一系列实实在在的措施。从第七学期末论文选题开始到第八学期末毕业答辩的整个过程中,积极体现"服务师生"的理念,加强与指导教师的沟通,帮助师生克服各方面的困难,从而严把质量关,终于使管理学院2012届的毕业设计(论文)工作提升了一个台阶,呈现出新的面貌。

管理学院2012届本科毕业设计(论文)涵盖11个专业,包括普通本科学位、第二专业学位、第二学士学位等培养层次,学生数达1 300人,现场答辩十余天,小组与大组答辩近百场次。在如此大规模的毕业设计(论文)教学工作中,整个过程井然有序,每个专业均能按质保量如期完成各项任务。

归纳起来,保障毕业设计(论文)工作成功的因素有下列几项:

1. 分管教学的领导思想明确且管理到位

学院主持工作的领导一向重视教学督导的意见与建议,进一步明确班子成员的分工职责,增设专门负责本科教学的副院长,加强了本科教学的工作力度。分管教学的副院长对2012届本科毕业设计(论文)工作进行统筹规划,制定相关措施,使各项活动逐渐步入轨道而平稳展开,全方位为2012届本科毕业设计(论文)教学环节奠定了基础。

2. 教务部门执行人员工作勤奋周密

负责贯彻学院毕业设计(论文)各项工作措施的具体操作者是一位年青的女教务人员,其工作包括直接或间接地联系成百名教师与成千名学生,及时处理难以计数的文件资料,精确设计安排近百场答辩的地点与时间。值得一提的是,在完善组织中期检查的基础上,及时发布了各方面的意见反馈并跟踪督促,推动并改进了全院的毕业设计(论文)工作。第一线教务人员身负巨大的工作压力,而能在整个学期中始终兢兢业业、任劳任怨,实在难能可贵。

3. 各系所领导与专业教师爱岗敬业

在第8周毕业设计(论文)中期检查的工作中,无论是师生联系情况、论文撰写进度、被抽查学生的答辩等各个方面,已经明显呈现出管理学院胜于往年同期工作水平的可喜现象。在期末的答辩过程中,所有专业组织工作普遍到位,各项准备事项充分有序,答辩小组工作模式各有特色,中期检查所存在的不足之处均有显著的改进。正是由于从上到下每一层次管理人员和指导教师工作的认真负责,才使各项措施一一落到实处,从而保证全院毕业设计(论文)工作达到预期目标。

　　管理学院2012届本科毕业设计(论文)工作所取得的成效是全院上下认真工作辛勤劳动的结果,今后要保持这一水平并加以提高尚须付出更大的努力。从社会大环境来说,毕业班学生为找工作就难以安心做毕业设计(论文),这已成为困扰全国高等院校教学工作的全局性难题,亟须政府与学校各级领导做出科学决策来破解这一困境。从学生方面来说,从优秀的毕业设计(论文)可见,作为例证能说明只要学生通过自身努力,还是可以在一定程度上排除外界干扰而做出好的成果。从根本上来说,毕业设计(论文)毕竟是学生数年劳苦学业的最终结晶,其重要性不言而喻。如何从制度上、环境上、时间上来保障学生完成这一核心教学环节,值得人们好好思量。

由学生创新大赛获奖想到的

◎ 方 键

　　2012年5月13日,上海理工大学机械工程学院本科三年级学生的创新作品,在"上海市第一届大学生机械工程创新大赛暨全国大学生机械设计创新大赛上海赛区预赛"中,获得一等奖8个,占一等奖总数的44.5%(比赛共设一等奖18个),二等奖4个(共设18个),三等奖6个(共设23个)。机械工程学院获奖总数占上海市比赛奖项总数的31%。获奖学生达90人之多(每个作品由5人完成)。获奖数量在各参赛高校中位列第一,在获得一等奖的作品中,《诺亚方舟——仿水母推进器》等7件作品被推荐参加第五届全国机械设计创新大赛,此外,我校作为承办高校获得了大赛优秀组织奖,竞赛结果在参赛高校(尤其是名牌高校)中引起轰动!获奖消息传来,机械工程学院师生无不欢欣鼓舞!事实上,近几年来机械工程学院的学生一直在各种创新大赛中屡屡得奖,例如,在上海市2009年第四届及2010年第五届的创新杯机械创新大赛中均获得一等奖;在2010年全国大学生机械创新设计大赛中获得一等奖;在2011年上海市首届大学生工作能力竞赛中获得特等奖等等。人们不觉欣跃惊诧:机械工程学院何以取得如此骄人的成绩?其实这些成果的取得绝非偶然,一直以来,机械工程学院的领导十分重视对学生创新实践能力的培养,并且大胆开拓,做了大量工作。

  机械工程学院以学科竞赛为牵动,面向全校学生开设了多门创新创业类选修课。例如课程"机械创新及实践",是由机械工程学院书记、教学副院长、机械工程实训中心主任3人共同开设的、面向全校学生的选修课。"创新"作为一门课程开设,这在上海是首例,它是学生创新的平台,它保证了学生创新项目的申报和项目的实时指导、正常进行。该课程已见成效,前面提到的在"上海市第一届大学生机械工程创新大赛"中获奖的90名学生,绝大部分都是"机械创新及实践"课程的学生。由于创新创业类选修课的开设,学生参与科技创新活动的积极性高涨,氛围浓厚,参与的学生不断增加,例如,2011年6月至2012年5月期间,学院30多个项目参加省部以上竞赛,学生毕业时超过50%有过创新的实践或参加过各类竞赛。通过科技创新活动,学生的就业渠道明显拓宽,创业能力显著增强。近3年机械工程学院毕业生平均就业率达98.8%,高质量就业率达95.61%,在上海市同类专业中处于领先地位,就业签约率连续综合排名全校第一。有科技创新经历的学生100%就业,并成为企业招聘首选的对象。

  机械工程学院多次组织大学生自主创新讲座,设立了学院创新基金,激发学生自主创新意识。鼓励学生组建跨专业、跨学科的创新团队,开展创新项目研究。形成了以学院创新工作室、学院基础实验中心、学院专业实验中心、学校创新实践基地和机械工程实训中心为基础的课内外工程实践创新运行模式和培养体系。学院开放现有的大学生创新工作室和机械工程实训中心,推进研究性教学和大学生创新性实验,激发大学生学习的主动性、积极性和创造性,使他们尽早接触工程实践、参与科研训练,提高学生综合实践能力和研究创新能力。这里,要重点介绍机械工程实训中心的工作。我校机械专业大学生一直在开展各种技能竞赛,起初,在竞赛准备过程中,实训中心的指导教师发现学生缺少实践经验和实践能力,特别是缺少创新意识。有的学生有很好的创意,但只能纸上谈兵,做不出成品;有的学生在 CAD、CAM 图形设计时很顺手,但对零件排工艺和加工工序却束手无策。为此,在之后的各种竞赛开展以前,实训中心特地在大学生中全面进行车工、钳工、数控等的操作训练和技能等级培训,提高学生动手实践的能力。同时引导学生利用其他的实习机会,熟悉机械制造工艺过程和掌握机械制造基础知识。在实训中心训练的过程中,指导教师不仅给学生传授和指导本工种的操作技能和方法,同时还传授和指导与本工种相关的加工知识。我校历届机械专业大学生"实践与技能竞赛"、"大学生机器人竞赛"、"大学生创新竞赛"都取得了理想效果,这些成果与实训中心的努力工作是分不开的。实训中心总结认为,将工程实训与大学生的技能竞赛、创新竞赛结合起来,是当前工科院校大学生提高实践能力、创新能力的一种行之有效的好方式。

学院还专门成立了由企业技术专家参与的教学指导委员会,聘请五位行业知名企业的专家担任教学指导委员会委员,其主要职能是对学生的培养目标、发展方向、专业标准、教学计划等重大教学问题进行评议与指导。在人才培养模式上,强调由企业参与,与高校共同制定人才培养方案,共同建设课程体系和教学内容,共同实施培养过程,共同评价培养质量。

学院改革教学计划,优化课程体系,将能力培养贯穿于课内教学、第二课堂、导师指导、科研实践、科技竞赛等各个环节,实现理论课程体系、实践教学体系和课外培养体系同步进展,并通过赛课一体化教学和校内工程能力技能竞赛,强化学生的创新实践能力,现已取得一批成果。其中,获得省部级以上机械类科技竞赛奖60多项,师生联合申请专利30多项,发表相关教学论文20多篇。机械设计制造及其自动化专业于2011年被列为教育部卓越工程师教育计划实施专业。

机械工程学院成果喜人,整个上海理工大学的创新创业更是捷报频传。我校紧紧围绕创新创业人才的培养,通过教育教学改革,取得了良好的成效。过去四年中,我校接受创新创业教育的学生累计达1.8万余人,其中,仅《大学生创业学导论》的选课学生就达到2 000人,直接参与创业培训班800余人;学生获资助的各类创新基金项目1 274项,直接参与项目的学生总数7 300余人。学生获得了一批全国性大奖和高等级的创新创业成果。我校组建的大学生社会实践世界杯竞赛SIFE(students in free enterprise)团队,连续两届夺得中国区选拔赛的冠军。近三年中,获得了全国性竞赛二等以上奖励40余项;学校"科技创新基金"支撑的185个学生项目中,就产生了数十项专利和软件著作权,以项目为基础公开发表论文三百余篇。截止2008年底,我校受"上海市大学生科技创业基金"资助的创业学生已注册经营53家公司,为社会提供就业岗位340多个,其中,2005年创业的李碧浩同学被授予香港瑞安集团"大学生科技创业最具潜力奖";2005级学生任防振同学获科技部初创型企业创新基金40万元。同时,学校培养了一大批广受国内外用人单位欢迎的创新创业人才。在2005—2007年用人单位对我校毕业生的评价调查中,认为学生发展潜力较大及以上的达到75%以上。最近三年学校毕业生就业率一直保持在95%左右,同时,学生就业质量得到了提升,国内外知名企业对口招聘我校毕业生数持续增加。我校改革成果引起社会广泛关注,《光明日报》《文汇报》《科技日报》、中央教育电视台、新浪网络等媒体竞相报道我校创新创业人才培养的改革实践;我校"职业教练营"活动项目得到了上海13家主流媒体的跟踪报道,该项目还在欧盟"创业教学经验交流会"(Asia—Link Startsim 项目)上进行了经验交流。我校创新创业人才培养的改革做法和经验得到了国内高教界的广泛关注,多个省市教委和高校先后组团来我校进行专门的调研学习。国内有影响的相关学术论坛和专题会议均特邀我校作大会报告。通过近年来持续不断的改革探索,我校已基本形成了具有地方高校特色的创新创业型人才培养模式。为我国高校培养创新创业型学生进行了开创性的探索,同时也在创新创业人才的培养上取得了显著成效。2009年,学校申报的"上海理工大学创新创业人才培养的探索与实践"获得国家级教学成果二等奖,同年10月,我校被上海市教委列为本市推进创业教育体系建设的两所试点高校之一。

面对学校创新创业人才培养的累累硕果,作为学校的教学督导,我们深受鼓舞、感慨不已!感慨之余我们意识到自己急需认真考虑的是,督导工作应该如何顺应教改迅速发展的走势,督导工作如何与时俱进。

督导成员要在思想上认识到高校创新创业教育的重要意义。2005年10月,胡锦涛同志在十六届五中全会上,就明确提出了建设创新型国家的重大战略思想;2006年1月,他又在全国科学技术大会上指出,要坚持走中国特色自主创新道路,用15年左右的时间把我国建设成为创新型国家。科技是第一生产力,当今国际竞争的实质是科技和民族素质,焦点集中在科技和教育。我国处于社会主义初级阶段,经济科技总体水平低,民族科学文化素质不高,自主创新能力低,与发达国家差距大,已制约了我国经济的发展。全面实行"创造力教育"是建设创新型国家的前提。江泽民同志在1999年的全国教育工作会议上就已经指出:"教育在培养民族创新精神和培养创造性人才方面肩负着特殊使命。必须转变那种妨碍学生创新精神和创新能力发展的教育观念、教育模式,特别是由教师单向灌输知识,以考试分数作为衡量教育成果的唯一标准"。的确,我国目前实行的是"记忆力教育"。其特征是死记硬背,以单一的学习分数的高低来评价学生的优劣,学用脱节,手脑脱节,培养出来的学生多为高分低能,解决问题的能力差,缺乏探究精神,培养出来的是难以适应社会生存的"读书人"。这种"记忆力教育"模式,是与建设"创新型国家"所需的教育模式背道而驰的。"创新型国家"所需要的教育模式应该是"创造力教育",其特征是:活学活用,以学分+技能+思维技巧+解决问题的能力等综合因素评价学生的优劣,推行以用为主的学用结合,鼓励发散思维及冒险精神,重点培养学生独立思考和独立解决问题的综合能力,主张学生的个性张扬,强调良好的道德品质教育等等。在这种教育模式培养下,大学生将具有强烈的创新意识和能力,他们敢想敢干,思维敏锐,团结合作,社会生存能力强,能独立应付和解决许多新问题。党的十七大提出"提高自主创新能力,建设创新型国家"和"促进以创业带动就业"的发展战略。教育部长周济在第三届中外大学校长论坛上强调:"以培养创新型人才和推进高水平科技创新为高水平大学的主要任务,把增强创新精神、提高创新能力作为高水平大学建设的工作主线。"陈至立同志也曾指出"要创造有利于大学生创新意识、创新精神及能力培养和发展的良好环境,形成学术上自由讨论、创新思想火花迸发、优秀创新人才脱颖而出的良好氛围"。可见,要建设"创新型国家",必须尽快地通过建立"创造力教育"模式,培养出大批符合"创新型国家"需要的人才——创新创业人才来满足其建设的需要。大学生是最具创新、创业潜力的群体之一,因此,在高等学校开展创新创业教育,是教育系统的重大战略举措;是深化高等教育教学改革,培养学生创新精神和实践能力的重要途径;是落实以创业带动就业,促进高校毕业生充分就业的重要措施。高等学校要把创新创业实践作为创新创业教育的重要延伸,通过举办创新创业大赛、工程实训、模拟实践、讲座、实习等方式,丰富学生的创新创业知识和体验,提升学生的创新精神和创业能力。

作为高校的教学督导,我个人认为,应当与时俱进、在以下方面发挥作用。

1. 督导工作应当全面覆盖各个教学体系

"创造力教育"模式是要实现理论课程体系、实践教学体系和课外培养体系同步进展,那么督导的工作也应当全面覆盖各个教学体系,而不是像以往那样,侧重理论课程的听课。必须增加对各种实验、实践课程的听课比例;关心实验的质量、效果、与理论课程的衔接以及实验室的科学管理;关心校外实践、校内综合实训等实践环节。在我校机械工程实训中心,他们自己每年组织对实训指导教师的教学法观摩。他们要求指导教师除有扎实的机械制造基础知识和理论水平外,还必须有丰富的实践经验。此外,还把一些有难度的科研加工件让指导教师加工,以不断熟练教师的操作技能。这些措施很好地提升了实训教师的教学业务能力,为更好地指导学生开展技能竞赛、创新竞赛打下了基础。授课观摩和交流活动已连续进行了9届,取得很好的实际效果。实训中心的教学活动对督导工作是有力的促动、鞭策。事实证明,实验、实习实训等教学环节需要督导去认真关心、去实地观摩。目前学校各实验室加大了自主性、综合性和创新性实验的比例,部分实验室的创新性实验比例已达到实验总数的60%,加上学生自主开展的创新性实验,传统的被动验证式实验占主导地位的局面得到了大大改观。督导工作必须顺应教改形势,协助实验室大胆探索,重点关注创新性实验,协助实验室有效培养学生独立解决问题的能力。

2. 积极推动教改,促进创新性教师成长

创新性的师资才能培养出一大批创新性的学生。学校积极倡导并推动教师的教学方式改革,从中诞生了一系列有较大影响的创新性人才培养方式方法:如我校出版印刷与艺术设计学院提出的以"流程思路"引导"课程思路"、以"项目教学"引导"科目教学"、以"实验教学"推动"理论教学"的产业链模拟教学模式;管理学院的互动式案例教学模式;医疗器械与食品学院的"问题导入式"教学等。这些改革举措有效地实现了学生由被动、消极学习向主动、积极学习的转变。督导在听课过程中要及时发现类似的教改举措,对有关教师要从教学质量考评方面给予倾斜支持,引导教师积极开展创新教育,不断提高教师进行创新教育的意识和能力,促进创新性教师不断成长。

3. 收集创新创业信息及时反馈

督导在工作过程中,要及时发现和收集创新创业教育优秀事例和先进经验,反馈指导创新教学。督导会议需定期总结交流,探索教学方式改革,为建立有利于创新创业人才脱颖而出的教育体系贡献力量。让我们与全校师生一起积极努力,进一步探索地方高校创新创业人才培养之路,推动我校创新创业教育的改革发展迈向一个新的台阶。

督导小记

◎ 张春文

一、推己及人

　　今天听一位刚刚毕业的女教师的课。可能是第一次登上讲台特别是又发现了有"外人"——督导听课的缘故,这位老师显得有些紧张,讲课发挥得不是十分理想。课后交流时这位老师忙不迭地说,看到督导听课紧张得要命……

　　坐在回家的874路公交车上思绪翻腾,自认为还算不那么令人讨厌的我竟然引起了新教师的"恐惧",这还了得!想着想着突然一个情景跳将出来:一次学校组织教师互相听课,有数十年教学经历的我,面对突然增加的数位听课的教师,虽说不上紧张,可还是有些"不自然"。对于刚刚登上讲台的新教师,面对的还是有着督导"头衔"的我……越想越觉得有什么不对劲儿。对了,课前应该和她打个招呼就好了。那么提前数天通知她,让她做好准备岂不更好?然而督导的不成文的听课事先不通知的规矩呢?尽管冒出"提前通知听课虽有违所谓规矩,但对于想做个好教师的新人来说,能上好这一节课,就一定能同样上好后续的课"的想法,可最后还是说服了自己不想越矩。但对于刚登上讲台的新教师,下次听课一定得在上课前做做交流,尽量消除陌生感,对感觉到有过分紧张感的教师一定要说上这样的话:"我曾经也是教师,我也有过别人来听课不自然的感觉,请放开了讲,就当我不存在一样,虽然有点难。"报站器响起来"同济大学到了"。该下车了。

二、关于多媒体课件

包含文本、图形、静态图像、声音、动画、视频剪辑等基本要素的计算机多媒体技术以其丰富的表现力、良好的交互性和共享性成为教师教学的好帮手。本文所谈及的只是在教学督导过程中发现的有关多媒体课件的两个问题。

1. 课件图文用色种类过多、底色用色不当

课件图文用色种类多的本意是为了达到色彩丰富赏心悦目之目的,然而往往适得其反,特别是课件的底色选择不当的情况下更是如此。

课件都是有底色的,默认情况下为白色。在底色为白色的前提下,黑、蓝、紫、橙、绿、红色的图文都显得比较醒目;而黄色的图文就显得朦朦胧胧。因此,如若想用颜色区分所要表达的层次或突出某些知识点的话,选色就不能不有所顾忌。再者用色过多花花绿绿所带来的视觉感受也并不如想象的那么好,还不如采用章节划分来得实在。

更需提醒的是,用色过多的图文课件经投影仪投射的效果要低于制作者的预期,也低于制作者在自己的计算机显示器上所看到的效果。其原因是一般的投影仪的色彩还原度远低于计算机的显示器,而且环境光对教室屏幕色彩还原还有着极大的影响,更使得有些看起来醒目度不错的色彩变得模模糊糊。

从督导实践来看,一幅静态画面采用多于三种色彩的实际效果都不太好;而底色则以以黄、白为好,因为这两种底色和多种颜色的图文相配都有很好的醒目度(详见《上海理工大学学报》社会科学版 2008 增刊,尹世松《浅谈多媒体教学中的用色技巧》);再有,带图案的背景对理工类课件来说也不大合适。走下讲台站到学生的地方,不仅能看看课件的实际效果而且还能以学生的身份去想想……此举不失为做个好教师要走的一步。

2. 注重章节划分避免知识碎片化

在督导过程中多次看到这样的一些课件:有的通篇只有一个标题;有的虽有章节但在一个章节中有数个甚至十数个实际上并不都是平行、并列的知识点;有的则是大段、甚至整页的文字堆砌。

多媒体课件是播放给学生看的,无论是文本还是图形都应以看得清为第一标准,也就是字体要足够大、图形的细部也要清晰可辨。由于教室的屏幕的尺寸限制了每页的字数(可谓惜字如金)不可能有论文、文章的起承转合,课件又是一页一页地更替播放的,所以无任何标识的页面就像一个个"碎片"一样飘在那里,极其容易产生割裂感。特别是在信息爆炸、获取知识的手段又相对方便得可谓信手拈来的情况下,知识的"碎片化"是值得注意的一种倾向。

任何一门学科(课)都有自己的体系,即知识的层次结构和内在的联系。作为课件,无论从知识的传授还是对学生科学思维能力的培养上都应该体现该学科的内在逻辑关系。无疑课件的章节编排能够起到提纲挈领的作用(关于章节的划分文献颇多,此处从略)。笔者不太推崇全部拷贝现成教材章节编排的做法。大学的教案当然也包括课件应该是广征博引的,是经过教师处心积虑"咀嚼消化"了的,称得上是具有"组织教材能力"的教师的适合教师自己,也适合本届学生的精心之作。

囿于多媒体课件的特点,章节结构的编排推荐采用"标题及标题前加编号"的方法。对于常用的"四级"或"四层"章节划分法其层级分别对应"章"、"节"、"目"、"点",对应的编号可以是数字。例如第一章、第二节、第三目、第四点可表示成：1—2—3—4 XXX(其中数字编号字体可以小一到两个字号,以节省空间,编号也可放在标题的后面),看到编号就可知道本知识点上承接到哪里下通达到何处了。制作精良的课件既是教师教学的辅助手段又是学生课后复习的帮手。为此,在课件的后面还可以引入相关内容延展的链接供学生课后使用。

总之,编纂合理、结构清晰、图文醒目的课件在引导学生掌握知识,培养学生思辨能力、训练学生分析和综合能力上不无裨益。

三、专业课中的数学

听课后和授课老师交流中常谈起如何上好有大量数学内容的专业课问题。

1. 问题的提出

对于刚刚进入专业课学习的学生来说,面对蕴含大量数学问题的专业课所出现的困惑是可以理解的。因为他们还没有完成从自然到自由的转变,还处在数学是数学、物理是物理的割裂状态(尽管工科院校的数学和物理课都尽量在联系实际,但毕竟有限)。对年轻教师来说,也有其困惑,面对冗长的数学过程,有时处于"讲还是不讲"的两难境地。

科学技术离不开数学应该是不争的事实。数学和物理(为行文方便计,把电子工程、机械工程等专业课程都划归物理范畴)本来是不分家的,产生"全才"的达·芬奇年代不说,就连其后 200 年公认的物理学家牛顿为也为解决物理问题发现了后来被称作"牛顿—莱布尼茨"的数学公式。然而,随着自然科学的发展,合理的分工出现了,其中也形成了数学和物理学两门学科，从此集数门学问为一身的"全才"再也没能出现了。令人惊讶的是，物理学的发展从来离不开数学，而数学（所谓纯数学）却可以以自己的独特的轨迹前行，而且一些看似没有实际用途的成果却给物理学家提供了解决问题的方法（此处没有任何贬低物理学家的意思）。

物理学大而言之是研究大自然现象及规律的学问，在一定意义上是一种定量的学科：小而言之（局限到专业例如电子工程）无非关注的是系统的数量（输入与输出即外部特性）和状态（系统的内部特性）。

2. 物理模型与数学模型

为了求解系统的内外部特性以达使用、设计之目的，必须建立两个模型：物理模型和数学模型。物理模型是对实际客体（电路、系统）的抽象，数学模型则是根据物理模型所依据的效应、定律所建立的包含外部特性（输入、输出）、内部状态（参量）的数学表达。物理模型和数学模型就像一个硬币的两面那样不可分。

对于已经具有数学基础、专业基础的学生而言专业课教师的授课重点（对学生来说是难点）首先是捅破隔在上述模型前的那层窗户纸。有的教师对物理模型的建立不够重视，甚至不提物理模型这个概念，拿过一个电路就做数学分析，使得随后的分析成了无本之木。须知，此电路就是物理模型的一种——电学模型（又称等效电路），是对研究客体的抽象，是建立在物理学基本原理上的。即使是最简单的 RLC 元件组成的电路也会因使用条件（比如信号的频率）的不同有不相同的等效电路。物理模型都是有条件的，更何况模型的建立还有逐渐逼近的过程（当然是对研究型的课题）。讲清楚物理模型的建立，捅破隔在客体和模型之间那层窗户纸无异于把学生引进了分析、甚至研究之门。

数学模型包含建立和求解两个过程。数学模型的建立是立足在物理模型的基础之上的,如若能将物理模型所涉及到物理概念、效应、定律引述得充分,那么数学模型的建立就成为顺理成章的事情了。至于数学模型的求解当然得依靠中规中矩的数学功底,但从内容娴熟、具有实际经验的专业课教师的口中流露出的心得体会,定会使看似枯燥的求解过程变得不那么乏味。至于对数学模型解的解释显然是重要的,是从数学回归物理(或简而言之的工程)的过程,也正是建立求解数学模型的本意之所在。

3. 教学实践

督导过程中发现不少教师为了上好此类课程在组织教材、教学方法、教学设计等方面做了很多工作。

在听课过程中发现有经验的专业课老师总是注重把物理问题"翻译"成数学问题。教师搭起了架在二者之间的桥梁。

例如,在数学模型的求解过程中,不拘泥于全过程,而是讲清其中的关键点,使学生能够从整体上掌握求解的方法而不被繁琐的细节所困扰。当然也应该对学生讲清楚"功夫在课外"的道理,对没有全面推导的重要例题,希望学生能在课下完成。

医疗器械与食品学院的生物医学工程专业,在这方面作了有意义的尝试。在《信号与系统》课中安排了一系列的实验(实验一:信号的显示;实验二:信号的运算;实验三:信号的傅里叶分解;实验四:频率分量的线性组合;实验五:线性时不变系统的性质;实验六:傅里叶变换的性质;实验七:抽样;实验八:低通滤器演示实验),通过这些实验使学生认识基本信号参数的物理意义、熟悉信号的运算、理解信号的分析与综合的概念,增进理解线性叠加的概念以及傅里叶有限级数的概念、理解吉布斯现象,掌握不同频率的频率分量在原信号中的作用,掌握线性时不变系统的性质(叠加性质、微积分性质、及周期信号通过线性时不变系统的输出)。他们所做的工作帮助学生跨过所谓物理与数学间的"界限",启发学生从"方法"的角度看待工程中的数学,引导学生用数学的方法解决工程问题,从而有助于学生完成从自然到自由的跨越。

4. 建议

积多年听课之经验,对如何上好"有大量数学内容的专业课"这一问题,偶有所得:可否将"工作前移"?即在给学生开此类课程前安排几个学时的"前导课"。核心内容似乎以系统概念、模型、信号的数学描述以及课程所涉及的数学方法的系统回顾为好。有了这样的铺垫,后续专业课的进程或许能更流畅些,效率更高些,效果更好些。

一个督导小故事

◎ 孙延生

2005年,正当我校教学评估促建工作达到高潮之际,我们去听一位英语教师授课。从她的讲课中,我们发现她教学责任心强,备课认真充分,教态端正,表达清晰流利,且在课堂教学中具有激情,应该说她的课上得挺好的。但是从课堂教学的过程中,我们观察发现,她的课堂教学也不是没有问题,确切地说,还是有商榷的地方。主要是在师生互动这一教学环节中,她非常辛苦地付出,但即便是一再启发,学生这一方面始终动不起来,因此,师生之间不够协调。除了坐前排的一个男同学配合以外,其余同学只听课,一声不响,课堂教学比较沉闷。

针对这一情况,趁着下课期间的10分钟,我们跟这位女教师交换了有关这方面的意见。她非常坦率地说,这的确是个困惑的点,是个瓶颈问题。她曾经作过不少努力,但始终改变不了现状。因为我们是老教师,又是教学督导员,当时她就要求我们跟她所授课的班级同学交换一下意见,这倒使我们为难了,因为我们教学督导团的成员从未有过这样的先例。但我们经过商量,思考着这样的一个现实问题:学校评估在即,全国教育专家即将进驻我校进行教学评估,且学校领导一再强调全校师生员工必须具有凝聚力,做好这次的评估促建工作。正是在这种精神的鼓舞和激励下,我们中的一位英语老教师鼓作勇气,毅然地站在讲台上,语重心长跟该班全体同学交换了意见,针对师生互动这一教学环节的重要性,讲述了我们对如何提高教育质量的看法,特别强调师生应该协调一致,为了评估促建,应该共同付出不懈努力,共同想办法动脑筋,提高课堂的教学质量。

  出乎意外,这一讲话得了该班同学的热烈掌声,收到了良好的效果。打从这以后,这个班级的学风比以前好得多了,因此学习上也大有进步。

  我们想,这确确实实是一种真情呀!这里,包含了我们师生之间的情,也包含我们同事之间的情,也体现了我们真诚地爱护上海理工大学学校荣誉之情,热爱教学事业之情。而且,由此建立起来的情还将随着时间的推移,继续不断地延伸,加深着。

  这桩发生在课堂教学上的小故事,每每回忆起来,还真感到无比的欣慰和莫大的快乐呢!

图书在版编目(CIP)数据

教学相长：上海理工大学本科教学督导文集/叶黔元主编. —上海：文汇出版社,2012.12
ISBN 978-7-5496-0790-7

Ⅰ. ①教… Ⅱ. ①叶… Ⅲ. ①高等学校—教学研究—文集 Ⅳ. ①G642.0-53

中国版本图书馆 CIP 数据核字(2012)第 319748 号

教学相长
——上海理工大学本科教学督导文集

主　　编 / 叶黔元

责任编辑 / 黄　勇
特约编辑 / 刘非非
封面装帧 / 周夏萍

出版发行 / 文汇出版社
　　　　　上海市威海路 755 号
　　　　　（邮政编码 200041）
经　　销 / 全国新华书店
排　　版 / 南京展望文化发展有限公司
印刷装订 / 上海新文印刷厂
版　　次 / 2012 年 12 月第 1 版
印　　次 / 2012 年 12 月第 1 次印刷
开　　本 / 640×960　1/16
字　　数 / 150 千
印　　张 / 9.75

ISBN 978-7-5496-0790-7
定　　价 / 30.00 元